親子（おやこ）でつくって遊（あそ）べる！

おひめさま

Princess Origami

おりがみ

たかはし なな 著

おおでゆかこ 絵

JN051795

主婦の友社

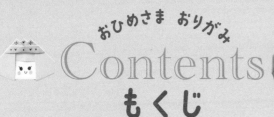
おひめさま おりがみ
Contents
もくじ

もりのそばのおしろにすんでいるおひめさまは、かわいいドレスやキラキラしたアクセサリー、リボンやハートがだいすき！
おひめさまのせかいをおりがみでつくって、ごっこあそびをたのしんでね。
ドレスはどうがでもおりかたがみられます。

 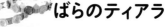

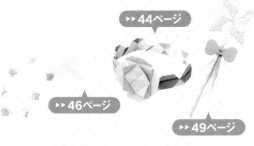

▶▶ 44ページ

▶▶ 46ページ

▶▶ 49ページ

おけしょう・おめかしグッズ

 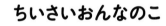
まほうのもりのなかまたち

＼ おりがみのほかにあるとべんりなもの ／

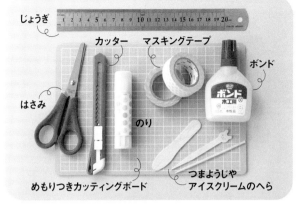

じょうぎ
カッター　マスキングテープ
ボンド
はさみ
のり
めもりつきカッティングボード
つまようじや
アイスクリームのへら

つまようじはちいさいおりがみのこまかいところをおるときにべんり。カッターをつかうときはおとなにてつだってもらおう。

15センチ　　11.8センチ

おりがみのサイズは いろいろあるよ

おみせでよくうっているのは
この4つのサイズ

10センチ　　7.5センチ

あそびかた

おひめさまのすむせかいをすてきなイラストにしました。
おったおりがみであそぶときの
「ぶたい」にしてつかってね。

72
おひめさまのおしろ

おしろまでつづくいっぽんみちを、
ばしゃにのってかえります。

74
おしろのぶとうかい

おきゃくさんをよんでパーティー。おうじさまもきています。

76
おひめさまのへや

かわいいものにかこまれたおひめさまのおへやです。

78
まほうのもり

おかしのいえがあるまほうのもりには、おともだちもすんでいます。

・・・・・・・・ おうちのかたへ ・・・・・・・・

80ページのQRコードを読みとると、本書に出てくるおりがみが楽しく動く
動画が見られます。7・11・15ページのQRコードは折り方の説明動画です。

きほんのおりかたと
じょうずにおるために
おぼえたいこと 🖤

このほんでおりがみをおるときに、
しっておくとべんりなマークや、
きほんのおりかたをみておきましょう。

**ゆびアイロンで
しっかりおろう**

おりがみのおったところを、
ゆびのはらでギューッとおして、
アイロンがけをしましょう。
きれいにつくるためのコツです。

たにおり

てんせんのところが、うちがわに
「たに」になるようにおります。

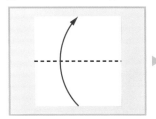

たにおりせんにあわせて、
やじるしのほうにおってね。

おったぶぶんは、「わ」になります。
はしをあわせたぶぶんは、「ひらい
ているほう」になります。

やまおり

てんせんのところが、そとがわに
「やま」になるようにおります。

やまおりせんにあわせて、
やじるしのほうにおってね。

むこうがわにおります。

おりすじをつける

おるめやすにしたり、じょうずに
おるための、しるしにしたりします。

いちどおってからもどすよ。

てんせんのところで、
おったかたち。

ひらいてもどすと、
「おりすじ」ができます。

ひつようなサイズにおりがみをきるコツ

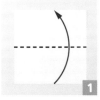

ひつようなサイズに
おります。

しっかりおりすじを
つけます。

おりすじにあわせて、
はさみできります。

はんぶん(2ぶんの1)
のおりがみの
できあがり。

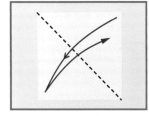

ひらいて、つぶす

ふくろにゆびをいれて、ひらいてからつぶすと、
かたちがかわります。

しかく をひらいて、さんかくにつぶす

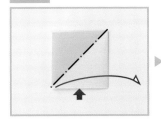 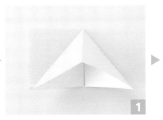 

しかくのふくろをひらいて、
さんかくにするよ。

さんかくのふくろにゆびをいれて、
やじるしのほうへひらいたところ。

つぶすと、さんかくになるよ。

さんかく をひらいて、しかくにつぶす

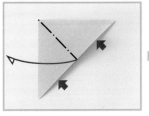  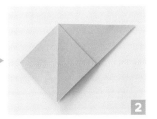

さんかくのふくろをひらいて、
しかくにするよ。

さんかくのふくろにゆびをいれて、
やじるしのほうへひらいたところ。

つぶすと、しかくになるよ。

だんおり

おりおわったかたちが、「だん」のようにみえるおりかたです。
やまおりとたにおりを、ちかくでします。

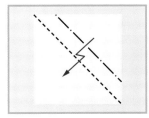 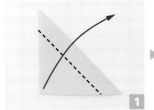 

たにおりと、やまおりをするよ。

たにおりせんでおってから、
てんせんでおりかえします。

たにおりとやまおりを
ちかくですると「だん」ができます。

なかわりおり

おってあるかどの、あいだをわるようにして、いれ
ております。

おりすじをつけてから、
なかにおるよ。

てんせんのところで
おって、もどして
おりすじをつけます。

すこしひろげて、
おりすじからさきを、
なかにいれていきます。

おりすじのところまで
いれたら……

ひろげたところを
もどして、
「なかわりおり」に。

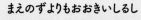 まえのずよりもおおきいしるし まえのずよりもちいさいしるし

おおきく　　　　　　　　　　　　　　　　　ちいさく

ブラウスとスカート

うえとしたをべつべつにつくるので、
カラフルなおしゃれもたのしめます。

つかうもの

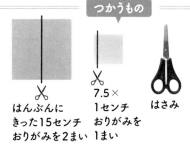

| はんぶんに きった15センチ おりがみを2まい | 7.5× 1センチ おりがみを 1まい | はさみ | テープ |

ブラウス

①

はんぶんにおって
おりすじをつけます。

②

はんぶんに3かいおって
おりすじをつけてから、ひらきます。

③

♡ ♥ ♡　♡ ♥ ♡

2のおりすじにあわせて
♡をたにおり、♥をやまおりに
おりすじをつけます。

④

ちいさく ← → おおきく
♥ ♡ ♥

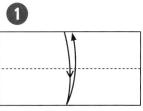

♥のおりすじをまんなかの
おりすじ♡にあわせて
だんおりにします。

⑤ そでに なるよ

★ ★

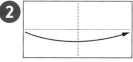

とちゅうのず
▼

☆と★をむすぶせんで
おって、おりすじをつけます。

⑥

とちゅうのず
▼

5のおりすじで
なかわりおりにします。

⑦ おおきく

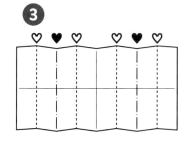

はしを、まんなかにあわせて
おります。

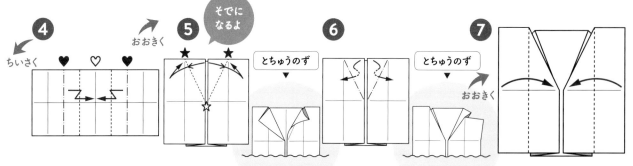

8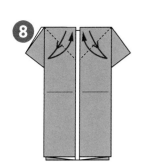

かどを、さんかくにおって
おりすじをつけます。

9

えりに
なるよ

かどを、8のおりすじにあわせており、
まくように8のおりすじでおります。

おったかたち

うらに

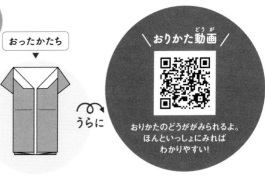

おりかた動画

おりかたのどうががみられるよ。
ほんといっしょにみれば
わかりやすい!

10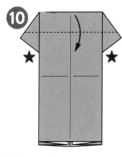

うえのはしを、
★にあわせております。

11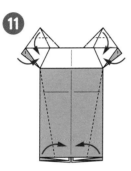

かたと、そでのかどをすこしおります。
わきをななめにおると、ウエストがほそくなります。

おったかたち

うらに

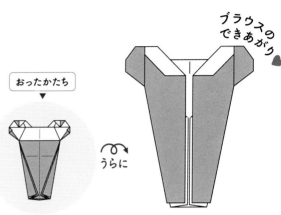

ブラウスの
できあがり♥

ベルト

12

はんぶんにおります。

13

もういちど
はんぶんにおります。

14

13でおったかどを、
ななめにおります。

15

ながさをひろげます。

ベルトの
できあがり♥

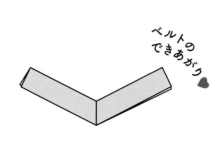

8ページへつづく ▶▶ 7

スカート

16

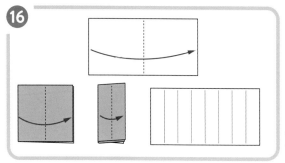

2のように、おりすじをつけます。

17 おおきく

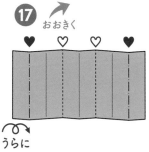

うらに

16のおりすじにあわせて
♡をたにおり、♥をやまおりに
おりすじをつけます。

18

☆と★をむすぶせんで
むこうがわにおります。

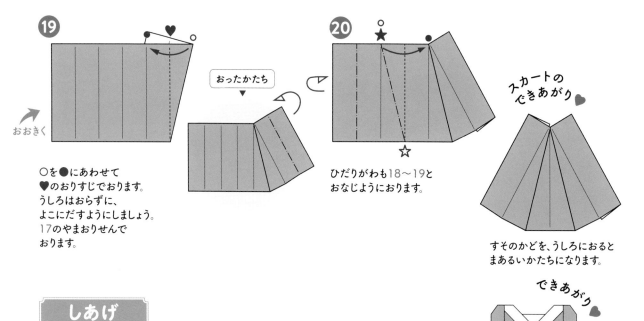

19 おおきく

○を●にあわせて
♥のおりすじでおります。
うしろはおらずに、
よこにだすようにしましょう。
17のやまおりせんで
おります。

おったかたち
▼

20

ひだりがわも18〜19と
おなじようにおります。

スカートの
できあがり♥

すそのかどを、うしろにおると
まあるいかたちになります。

しあげ

21 うら

かどをおると
ふっくら
スカートに!

スカートのウエストに
ブラウスのすそをいれ
テープでとめます。

22 おもて

うらに

ベルトのまんなかを
スカートのウエストにあて、
ベルトのあまりを
うしろにまきます。

23 うら

テープでとめます。

できあがり♥

おひめさまのかお

このほんでしょうかいする、3つのドレスを
きせかえできる、おんなのこです。

つかうもの

10センチ
おりがみを1まい

ペン

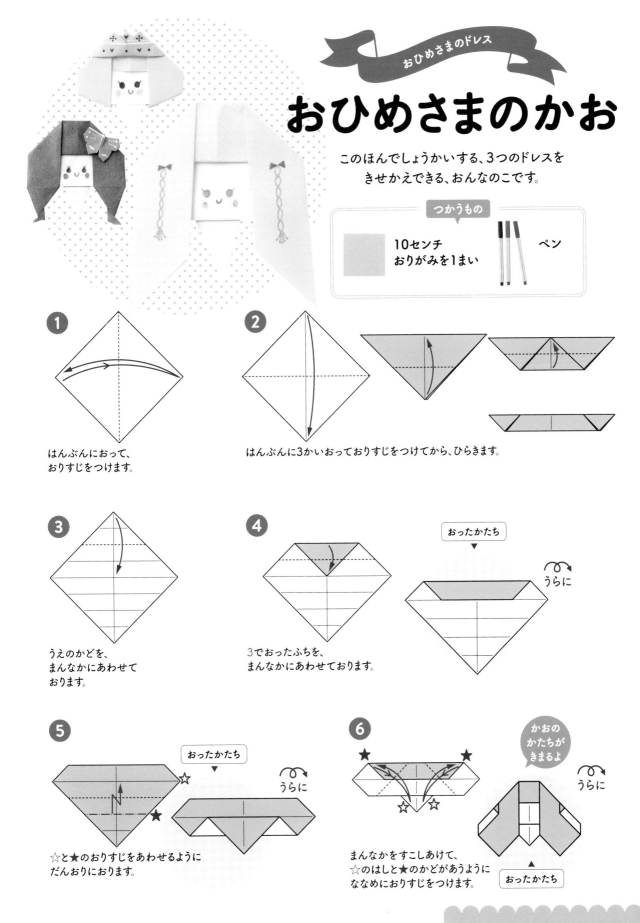

1

はんぶんにおって、
おりすじをつけます。

2

はんぶんに3かいおっておりすじをつけてから、ひらきます。

3

うえのかどを、
まんなかにあわせて
おります。

4

おったかたち

うらに

3でおったふちを、
まんなかにあわせております。

5

おったかたち

うらに

☆と★のおりすじをあわせるように
だんおりにおります。

6

かおの
かたちが
きまるよ

うらに

おったかたち

まんなかをすこしあけて、
☆のはしと★のかどがあうように
ななめにおりすじをつけます。

10ページへつづく ▶▶

9

7

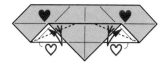

♡のふちと、♥のわが、
あうようにおり、
もどして、おりすじをつけます。

おったかたち
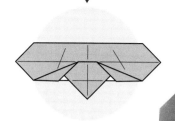

8

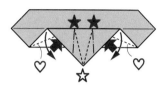

♡のおりすじと、
☆と★をむすぶせんでおり、
あいだは、ひらいてつぶします。

とちゅうのず
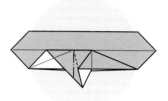

おったかたち
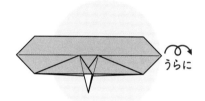

うらに

9

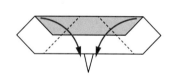

6のおりすじにあわせて
おります。

10

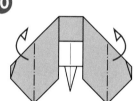

2のおりすじで、
むこうがわにおります。

できあがり♥
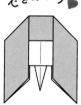

かおをかきましょう。

ドレスにおひめさまのかおをつけてみよう

9ページ

ドレスに、9ページの「おひめさまのかお」をくっつければ、おひめさまにへんしん！
くびのさんかくを、ドレスのうらからさして、テープでとめましょう。

くっつけかた

6〜17ページのすきなドレスと
「おひめさまのかお」をつくったら、
うらがえします。

ドレスのえりのうちがわに
さしこんであてます。

テープでうらから
とめます。

----- たにおり ー・ー やまおり

おひめさまのドレス

えりつきのドレス

おおきなえりがポイントの、ロマンチックな
ドレスです。めもりをつかって、おりましょう。

つかうもの

15センチ
おりがみを1まい

おりかた動画

おりかたのどうががみれるよ。
ほんといっしょにみれば
わかりやすい！

①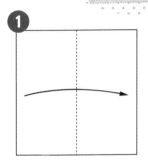

はんぶんにおります。

②

めもりの◆にあわせており、3ぶんの1
のおりすじをつけ、ぜんぶひろげます。
（めもりはページのしたにあります）

③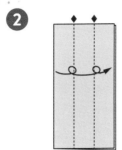

はんぶんにおって、おりすじ
をつけます。

④

おったかたち

うえはんぶんだけ、2のように、めもりの◆でお
り、3ぶんの1のおりすじをつけ、ひろげます。

⑤

おったかたち

うらに

♡のおりすじが、♥のおりすじにあうように、
だんおりします。

⑥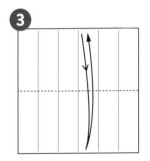

うえのかどを、さんかくにおって、
おりすじをつけます。うしろがわ
の1まいは、おりません。

⑦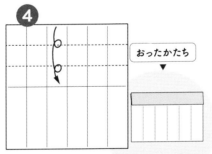

うえのふち1まいをしたにおりな
がら、さんかくにひらいて、つぶし
ます。

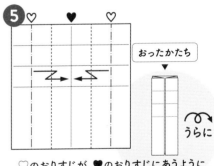

とちゅうのず

おったかたち

②と④をおるときのめもり

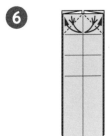

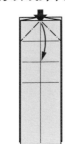

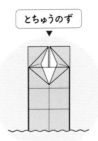

3ぶんの1　◆　3ぶんの1　◆　3ぶんの1

12ページへつづく ▶▶

11

8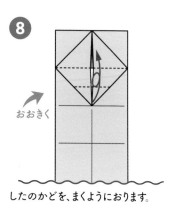

したのかどを、まくようにおります。

9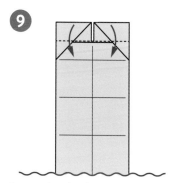

8でおったふちにあわせて、のこったぶぶんを、したにおります。

おおきな
えりが、
できました

うらに

おったかたち

10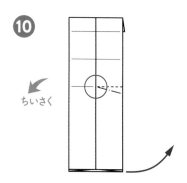

○あたりをおさえて、したのかどをもちあげながら、
そとがわにずらしてひだをひらいて、つぶします。

とちゅうのず

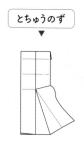

11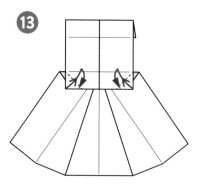

はんたいがわも、おなじように
ひだをひらいて、つぶします。

12

♥と♡のおりすじをあわせて
だんおりにします。

とちゅうのず

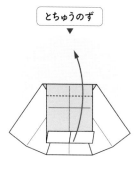

13

かどを、さんかくにおって
おりすじをつけます。

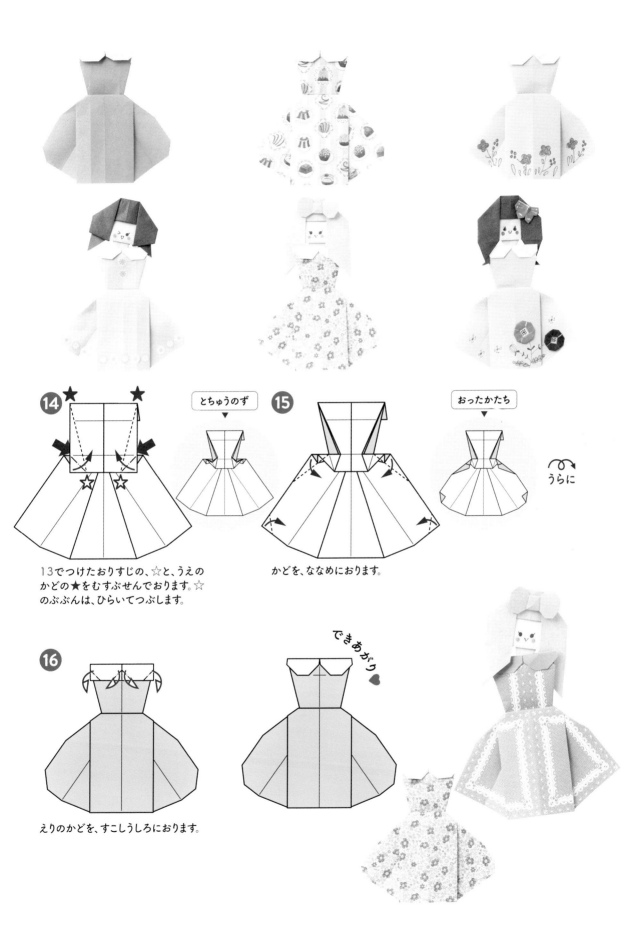

14 とちゅうのず▼

13でつけたおりすじの、☆と、うえの
かどの★をむすぶせんでおります。☆
のぶぶんは、ひらいてつぶします。

15 おったかたち▼

うらに

かどを、ななめにおります。

16

できあがり♥

えりのかどを、すこしうしろにおります。

パーティードレス

ちょっとむずかしいけれど、がんばれば、
とってもすてきなドレスができますよ。

つかうもの

15センチ
おりがみを1まい

①

はんぶんに3かいおっておりすじをつけてから、ひらきます。3かいめは、うえのわだけおります。

うらに

②

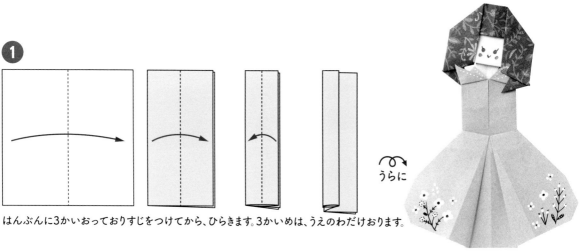

よこにはんぶんに3かいおっておりすじをつけてから、ひらきます。
2かいめからは、うえだけおりましょう。

③

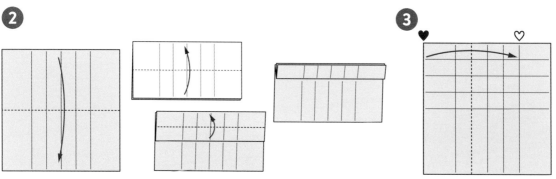

♥のはしを、♡のおりすじにあわせて
おります。

おりかた動画

おりかたのどうががみれるよ。
ほんといっしょにみれば
わかりやすい!

4

おったかたち

1でつけたおりすじでおります。

5

おったかたち

うらに

みぎもおなじようにおります。
みぎのはしを、ひだりのはしにあわせており、1のおりすじでおります。

6

おったかたち

♡   ♡

うえのふちを、♡のおりすじにあわせ
ております。

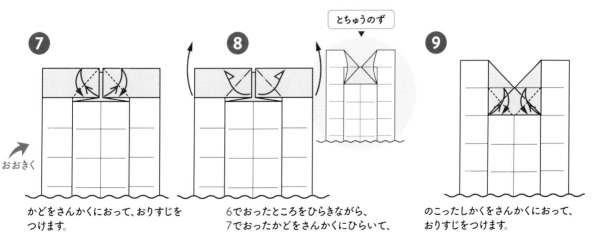

7

おおきく

かどをさんかくにおって、おりすじを
つけます。

8

とちゅうのず

6でおったところをひらきながら、
7でおったかどをさんかくにひらいて、
つぶします。

9

のこったしかくをさんかくにおって、
おりすじをつけます。

16ページへつづく ▶▶

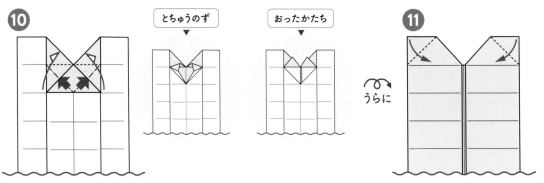

⑩ 9でおりすじをつけたところを、さんかくにひらいてつぶします。

とちゅうのず

おったかたち

⑪ うえのかどをさんかくにおります。

うらに

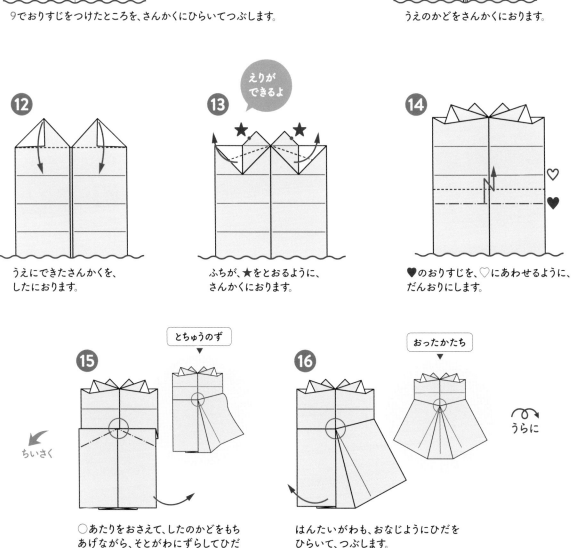

⑫ うえにできたさんかくを、したにおります。

えりができるよ

⑬ ふちが、★をとおるように、さんかくにおります。

⑭ ❤のおりすじを、♡にあわせるように、だんおりにします。

とちゅうのず

⑮ ○あたりをおさえて、したのかどをもちあげながら、そとがわにずらしてひだをひらいて、つぶします。

ちいさく

おったかたち

⑯ はんたいがわも、おなじようにひだをひらいて、つぶします。

うらに

⑰

おおきく

| うえの
とちゅうのず | したの
とちゅうのず | おったかたち |

ふちを、まんなかのおりすじにあわせておりながら、うえとしたをさんかくにひらいて、
つぶします。

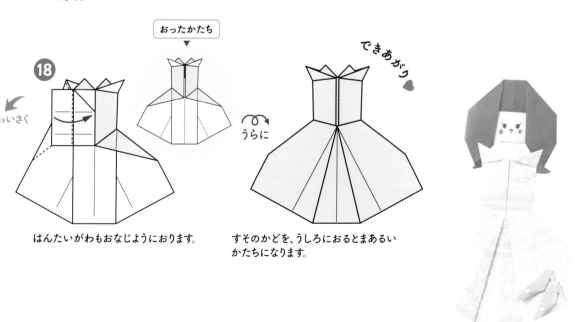

⑱

ちいさく

おったかたち

できあがり♥

うらに

はんたいがわもおなじようにおります。

すそのかどを、うしろにおるとまあるい
かたちになります。

かごバッグ

かわいいかたちのバッグに、なにいれる？
いちごつみや、おはなつみにいきたくなります。

つかうもの

15センチ
おりがみを1まい

①

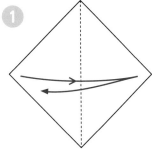

さんかくにおって、
おりすじをつけます。

②

はんぶんにおります。

おおきく

③

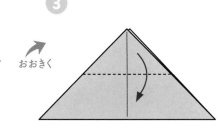

うえの1まいを、
したにはんぶんにおります。

④

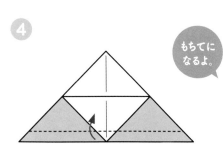

したのはしを、すこしおります。

もちてに
なるよ。

おったかたち

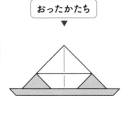

⑤

うらに

うらに

うえのかどを、4でおったふち
にあわせて、おります。

おったかたち

⑥

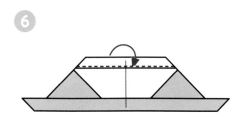

うしろがわの、うえのふちを、
てまえのたかさにあわせて、うちがわにおります。

⑦

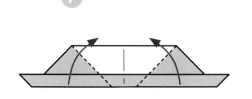

さんかくのはしにそって、
よこのかどを、うえにおります。

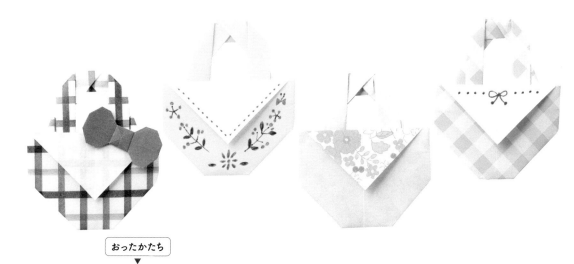

おったかたち

8

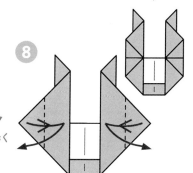

おおきく

できたよこのかどを、
なかのふちにあわせており、
おりすじをつけます。

9

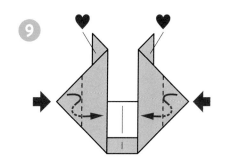

8でつけたおりすじで、なかわりおりにします。
かどは、4でおった♥のてまえにいれます。

おったかたち

10

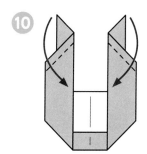

うえを、ななめうちがわにおって、
もちてをつなげ、テープでとめます。

11

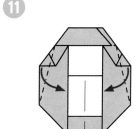

ななめにおって、
もちてのかたちをだします。

おったかたち

うらに

できあがり♥

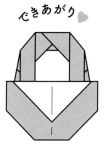

ふくろになっていて、
ものをいれられます。

11.8センチや10センチの
おりがみでつくれば
おひめさまにもたせられるよ!

11.8センチや10センチのお
りがみでおってみて。おひめさ
まがもつのにちょうどいいおお
きさになります。

クラッチバッグ

ドレスにぴったりな、おしゃれなバッグ。
なかに、ちいさいものをいれることもできます。

つかうもの

15センチ
おりがみを1まい

① はんぶんに2かいおります。

② しかくのふくろにてをいれて、
さんかくにひらいて、
つぶします。

おおきく

③ うしろがわも、おなじように
さんかくにひらいて、
つぶします。

とちゅうのず

④ ふちをてまえだけ、まんなかの
おりすじにあわせて、
おります。

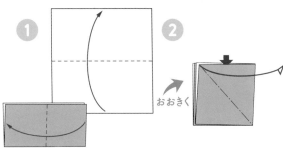

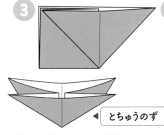

⑤ うえのさんかくを、
したにおって、おりすじを
つけます。

⑥ 5のおりすじにあわせて、
うえのさんかくを、そとがわに
おって、おりすじをつけます。

⑦ さんかくを、しかくに
ひらいて、つぶします。

とちゅうのず

⑧ そとがわのかどを、うちがわに
おります。

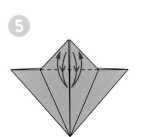

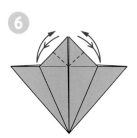

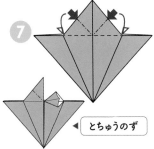

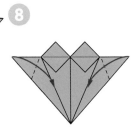

⑨ おったかたち

9と10は、
すきなかたち
におってね。

できあがり

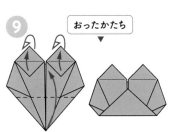

したのかどを、うえにおります。
2つのしかくを、
うしろにむけます。
うらは、テープでとめます。

うらがえす

ちいさいおりがみでつくれば
パーティードレスにぴったり♪

7.5センチのおり
がみでおると、お
ひめさまがもつの
にちょうどいいお
おきさになります。

　----- たにおり　——— やまおり

ガラスのくつ

シンデレラがはいていた、あこがれのガラスのくつ。
さあ、ぶとうかいで、おどりましょう。

つかうもの

15センチ
おりがみを2まい
（りょうあし）

①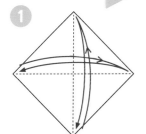

はんぶんに2かいおって、
おりすじをつけます。

②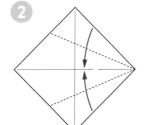

みぎがわのはしを、
まんなかのおりすじに
あわせて、おります。

③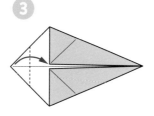

ひだりのかどを、
2でおったかどにあわせて、
おります。

④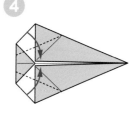

のこったはしを、
まんなかのおりすじせんにあ
わせて、おります。

⑤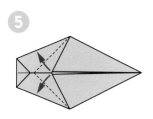

4でおったところを、
ふちにあわせております。

⑥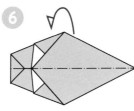

うしろへはんぶんにおります。

⑦ **おったかたち**

くつの
かかとに
なるよ

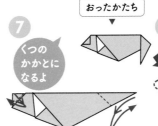

みぎのかどは、
したへななめにおって、
ひだりのかどはふちに
あわせておって、おりすじを
つけます。

⑧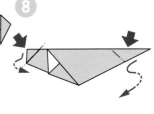

7でつけたおりすじで、
なかわりおりをします。

⑨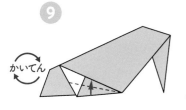

かいてん

5でおったところを、
ふちにあわせております。
うしろもおなじ。

できあがり♥

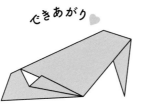

**ちいさいおりがみで
つくればおひめさまに
はかせられるよ**

ちいさいおりがみでお
るほうがむずかしいけ
れど、5センチおりがみ
でつくるとドレスとコー
ディネートできちゃう！

21

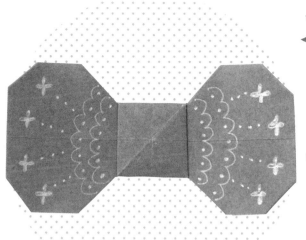

リボン

おんなのこなら、みんなだいすきなリボン。
いろいろな大きさでつくって、おりがみをかざりましょ。

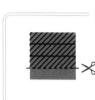

つかうもの

11.8センチ
おりがみを
4つにきった
もの1まい

はさみ

①

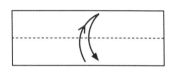

はんぶんにおって、
おりすじをつけます。

②

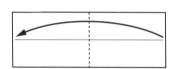

はんぶんに
おります。

③

おおきく

わになっているほうのかどを、
さんかくにおって、
おりすじをつけます。

④

おおきく

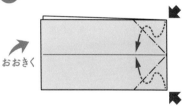

3でつけたおりすじで、
なかわりおりをします。

とちゅうのず

⑤

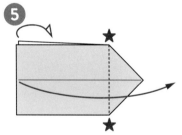

4でおった★をきじゅんに、
はんたいがわにおります。
うしろもおなじです。

⑥

おおきく

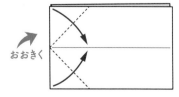

5でわになったかどを、
さんかくにおります。
うしろもおなじです。

⑦

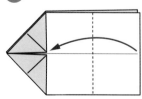

はしを、さんかくのはしにあわ
せております。
うしろもおなじです。

⑧

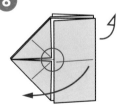

てまえとうしろの、それぞれ○
あたりをつまんで、あいだのさ
んかくをひろげて、しかくにつ
ぶします。

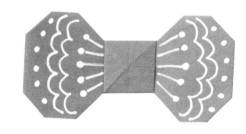

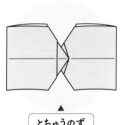

とちゅうのず

9

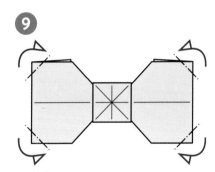

かどをうしろに
すこしおります。

できあがり♥

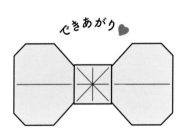

おひめさまの
アクセサリーや
ドレスのかざりに
つけてもかわいい

ちいさくつくれば
かざりとして
つかえるよ!

かごバッグやドレスの
かざり、アクセサリーに
もなるリボン。サイズを
かえると、いろいろなおお
きさのリボンになるよ。

23

おひめさまのすきなもの

ハート

だいすきなかわいいかたち。メッセージカード
にして、だれかにプレゼントしてもいいですね。

ハートのうえに
だしたいほうを
おもてにして
おってね

つかうもの

15センチの
おりがみを1まい

①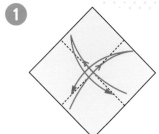

しかくに、はんぶんに2かいおって、
おりすじをつけます。

②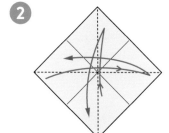

さんかくに、はんぶんに2かいおって、
おりすじをつけます。

③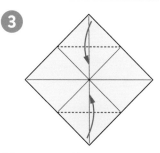

うえとしたのかどを、
まんなかにあわせております。

④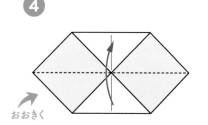

おおきく

はんぶんにおります。

⑤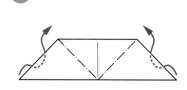

よこのかどを、1〜2でつけたおりすじで、
なかわりおりにします。

とちゅうのず

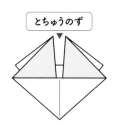

⑥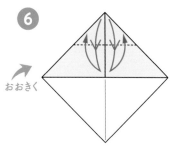

おおきく

うえのかどをまんなかに
あわせておって、おりすじをつけます。

おったかたち

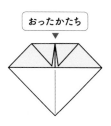

⑦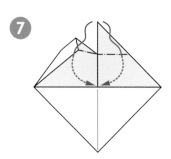

6でつけたおりすじで、
なかわりおりにします。

----- たにおり　　──・── やまおり

ハートのした
はんぶんは
ポケットに
なっているから
ちいさいものも
はいるよ

⑧

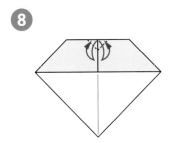

うちがわのかどをすこしおって
おりすじをつけます。

おったかたち

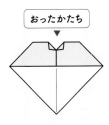

⑨

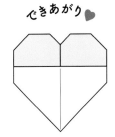

8でつけたおりすじで、
なかわりおりにします。

⑩

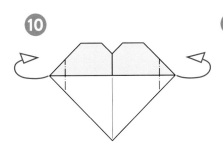

よこのかどを、てまえだけ
すこしうしろにおります。

⑪

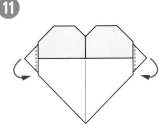

うしろのかどは、てまえにおります。

できあがり♥

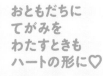

おともだちに
てがみを
わたすときも
ハートの形に♡

なかにメッセージをか
いてハートのかたちに
おって、わたしてみよう。
「だいすき！」なきもち
が、もっとつたわるかも？

ダイヤモンド

おひめさまには、ほうせきがにあいます。
ダイヤで、キラキラおひめさまを、めざしましょ。

つかうもの

15センチ
おりがみを1まい

①

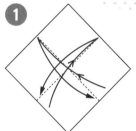

しかくに、
はんぶんに2かいおって、
おりすじをつけます。

②

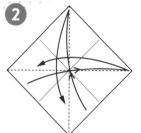

さんかくに、
はんぶんに2かいおって、
おりすじをつけます。

③

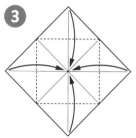

4つのかどを、
まんなかにあわせております。

④

おおきく➔

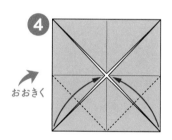

おったかたち ◀

したの2つのかどを、
まんなかにあわせております。

⑤

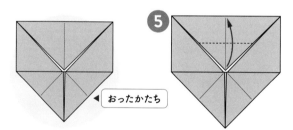

うえのさんかくを、
はんぶんに、2かいおります。

⑥

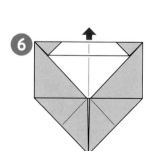

とちゅうのず ▼

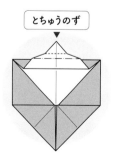

かどを、うえにひきだします。

⑦

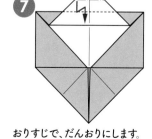

おったかたち ▼

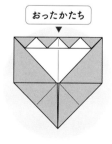

おりすじで、だんおりにします。

8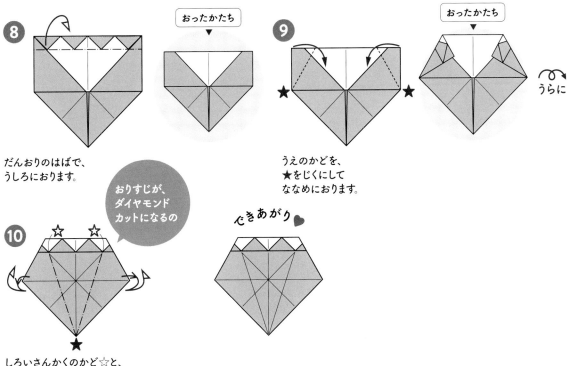

おったかたち

だんおりのはばで、
うしろにおります。

おりすじが、
ダイヤモンド
カットになるの

9

おったかたち

うらに

うえのかどを、
★をじくにして
ななめにおります。

10

☆　☆

★

しろいさんかくのかど☆と、
したのかど★をむすぶせんでおって、
おりすじをつけます。

できあがり♥

キラキラしている
おりがみだと
ほうせきっぽい！

**リボンをつければ
ダイヤのペンダントに
なるよ**

すきなながさにきった
リボンや、ふといけいと
をダイヤモンドのうらに
テープでとめてつくりま
す。

27

いちご

あまずっぱいいちごはいかが？　たくさん
つくって、いちごつみごっこをしてみよう。

〔いちご〕
15センチ
おりがみを1まい

〔へた〕
いちごの
はんぶん

いちご

1

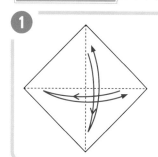

おったところ ▼

「ダイヤモンド」（26ページ）の2〜4とおなじにおります。

2

↗ おおきく

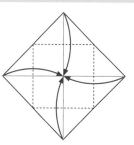

うえのかどをすこしおります。

▲ おったかたち

 うらに

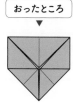

いちごの
できあがり♥

7.5センチのお
りがみでつくる
とちいさないち
ごになるよ！

ちいさくつくればかごバッグに
入れてあそべるよ

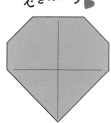

しゃしんは、10セン
チおりがみを4つに
きってつくりました。ち
いさいサイズでおる
のはむずかしいの
で、れんしゅうしてか
らちょうせんしよう。

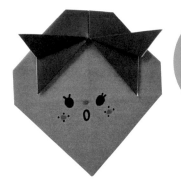

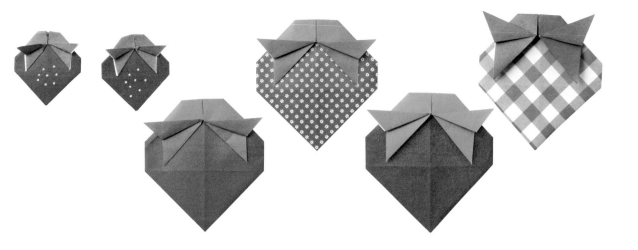

③

はんぶんに2かいおって、
おりすじをつけます。
ひらきます。

④

はんぶんにおります。

⑤

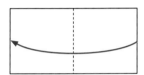

→ おったかたち

わになっているかどを、
さんかくにおって、
おりすじをつけます。

⑥

おおきく

5のおりすじで、
なかわりおりにします。

⑦

うえのふちを、まんなかのおりすじに
あわせて、おります。

⑧

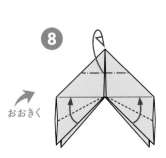

おおきく

うえのかどを、
うしろへおります。
したのかどを、てまえだけおり
すじにあわせております。

へたの
できあがり ♥

しあげ

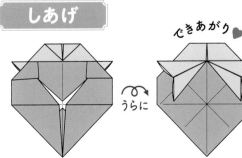

うらに

できあがり ♥

「へた」のうしろの、
ふくろのぶぶんに、
「いちご」をさしてがったいします。

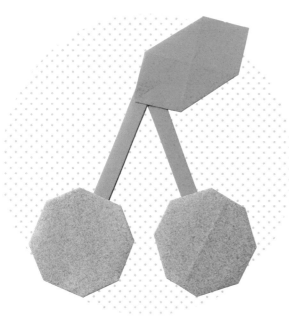

さくらんぼ

あかいこつぶが2つゆれる、さくらんぼです。
3つのおおきさのかみ、4まいでつくるよ!

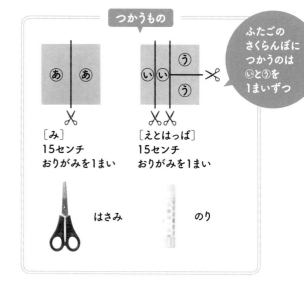

つかうもの

[み]
15センチ
おりがみを1まい

[えとはっぱ]
15センチ
おりがみを1まい

ふたごの
さくらんぼに
つかうのは
ⓘとⓤを
1まいずつ

はさみ　　　のり

み

①

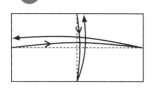

はんぶんに2かいおって
おりすじをつけます。

②

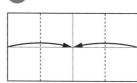

よこのはしを、
まんなかのおりすじに
あわせて、おります。

③

おおきく

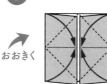

4つのかどを、
まんなかにあわせて
おります。

おったかたち

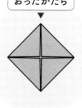

④

おおきく

かどをすこしおります。

おったかたち

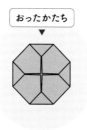

うらに

みの
できあがり♡

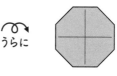

7.5センチの
おりがみでつくると
ちいさな
さくらんぼになるよ!

え

⑤

⑤をつかいます。
はんぶんに2かいおって、
おりすじをつけます。

⑥

うえとしたのはしを、まんなかの
おりすじにあわせております。

⑦

はばを、はんぶんにおります。

⑧

まんなかで、
ななめにおります。

えの
できあがり♥

はっぱ

⑨

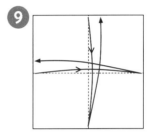

⑨をつかいます。
はんぶんに2かいおって、
おりすじをつけます。

⑩

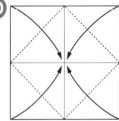

4つのかどを、まんなかに
あわせております。

⑪

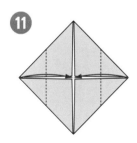

よこのかどを、
まんなかにあわせて
おります。

おったかたち

はっぱの
できあがり♥

うらに

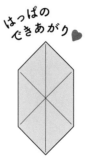

しあげ

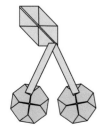

それぞれをうらにして、
のりでくっつけます。

できあがり♥

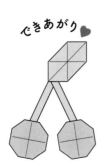

**かおをかけば
おひめさまの
ともだちになる!**

さくらんぼにかおをかく
と、おいしそうなフルー
ツがおしゃべりずきな
ふたごにへんしん!
おひめさまのともだちに
してあげて。

おひめさまのすきなもの

ちょうちょ

パタパタとんでいきそうな、かわいいちょうちょ。
いろいろなもようのかみで、つくってみましょ。

つかうもの

15センチ
おりがみを1まい

① 「クラッチバッグ」（20ページ）の1〜3とおなじにおります。

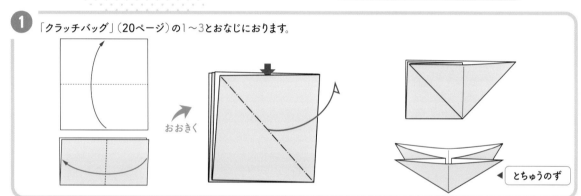

おおきく

とちゅうのず

②

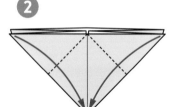

よこのかどの、てまえだけを、
したのかどにあわせて
おります。

③

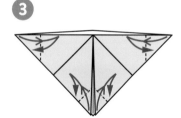

よこのかどと、したのかどを、
ずのように、すこしおっており
すじをつけます。

おったかたち

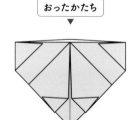

④

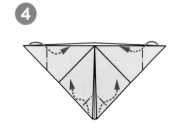

3のおりすじで、
なかわりおりをします。

とちゅうのず

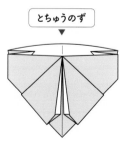

おったかたち

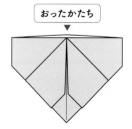

うらに

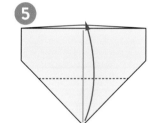

5

したのかどを、てまえだけ、
うえのはしより
すこしでるようにおります。

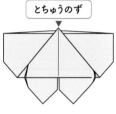

とちゅうのず

よこのうくところは、
さんかくにつぶします。

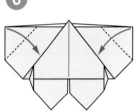

6

4でなかわりおりをした、
うえのかどのてまえだけを、
したにおってひらきます。

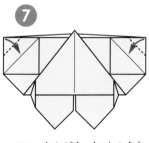

7

のこったかどを、すこしおります。

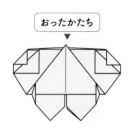

おったかたち

うらに

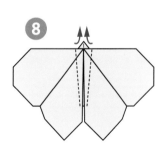

8

まんなかを
つまむように、ななめにおります。

できあがり♥

**かみかざりや
ドレスのデコレーション
にもつかえるよ**

ちいさなおりがみでおる
と、かざりにもなりま
す。つぎのページの「お
はな」や「ばら」といっ
しょにかざりとしてつか
ってもすてき♪

33

おはな

4まいのはなびらが、かれんなおはなです。いろいろないろや、おおきさのおはなをつくってみてください。

つかうもの

15センチ
おりがみを1まい

ペン

①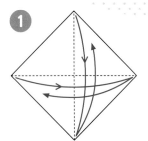

はんぶんに2かいおって、
おりすじをつけます。

②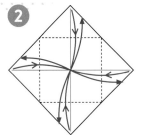

4つのかどを、
まんなかにあわせておって、
おりすじをつけます。

③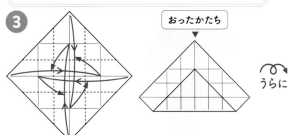

おったかたち

うらに

4つのかどを、
2のおりすじにあわせておっ
て、おりすじをつけます。

④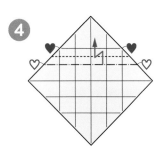

♡と♥のすじがあうように
だんおりにします。

⑤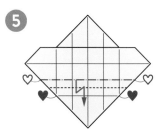

おったかたち

したもおなじように、
だんおりにします。

⑥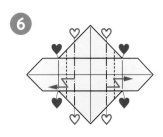

おったかたち

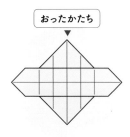

うらに

よこもおなじように、
♡と♥のすじがあうように
だんおりにします。

⑦

おおきく

4つのかどを、
まんなかにあわせて
おります。

 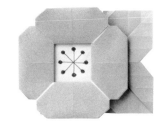 

8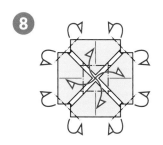

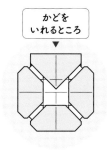

かどを
いれるところ

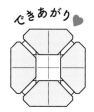
できあがり ♡
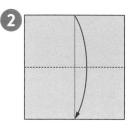

まんなかのかどを、だんおりにしたうちがわにいれます。
はなびらのかどを、うしろへすこしおります。

まんなかに、めしべ・おしべを
かいてもいいですね。

「おはな」や「ばら」の「はっぱ」もつくってみよう
はっぱ

つかうもの

7.5センチ
おりがみを1まい

はさみ

1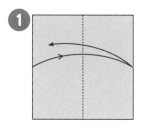

はんぶんにおって、
おりすじをつけます。

2

はんぶんにおります。

3

はんぶんに2かいおって、
おりすじをつけてひらきます。
うしろもおなじです。

4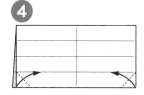

てまえ1まいのかどを、いちば
んしたのおりすじにあわせ
て、さんかくにおります。うらも
おなじです。

5

てまえの1まいだけを、まんな
かにあわせてさんかくにおり
ます。

6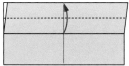

1ばんうえのおりすじまで、は
さみできります。できたかどを、
うしろへさんかくにおります。

はっぱのできあがり ♡

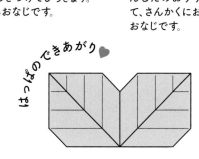

ばら

おおきさちがいでつくったパーツを、
くみあわせると、ゴージャスなばらができます。

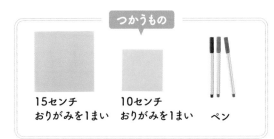

つかうもの

15センチ
おりがみを1まい

10センチ
おりがみを1まい

ペン

おもてを
うえにして、
はじめるよ

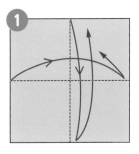

1 しかくに
はんぶんに2かいおって
おりすじをつけます。

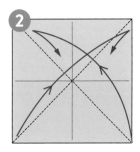

2 さんかくに
はんぶんに2かいおって、
おりすじをつけます。

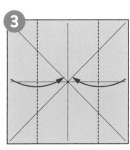

3 よこのはしを、
まんなかにあわせて
おります。

4 おおきく

うえとしたのはしを、
まんなかにあわせておって、
おりすじをつけます。

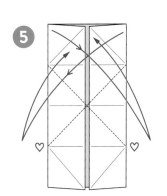

5 よこのふちが、
♡のおりすじにあうように、
ななめに2かいおって
おりすじをつけます。

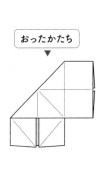

おったかたち
▼

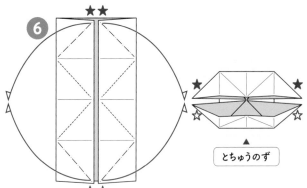

6 とちゅうのず
▲

5まででつけたおりすじで、
★と☆の4つのかどを、
よこにひらいて、つぶします。

はっぱのおりかたは35ページをみてね

7

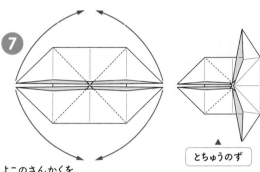

とちゅうのず

よこのさんかくを、
うえとしたにおります。

8

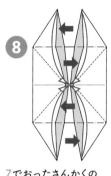

とちゅうのず

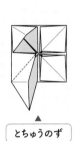

うらに

7でおったさんかくの
ふくろをひらいて、
しかくにつぶします。

9

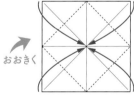

おおきく

とちゅうのず

うらに

4つのかどを、
まんなかにあわせて
おります。

10

まんなかのかどのうえ1まいを
そとがわにひらきます。

11

まんなかのかど4つを
はしにあわせております。

12

おったかたち

そとがわのさんかくを
うしろへはんぶんに
おります。

13

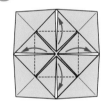

かいてん

10センチ
おりがみで、
1〜12とおなじに
おります。

14

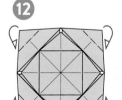

12に13をかさねて、そとがわ
のふち（▨）を、➡にさすよう
に、いれます。むずかしいとき
は、そとがわをうしろにおっ
て、のりでとめましょう。

できあがり♥

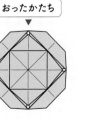

まんなかに、めしべ・
おしべをかいても
いいですね。

♥ これがおれると44ページのばらのティアラもつくれるよ！ ♥

ほうせきのゆびわ

じぶんのゆびにはめられる、ゆびわを
つくってみましょ。おおきなほうせきがポイントです。

つかうもの

15センチおりがみ
をはんぶんにきっ
たもの

テープ　　はさみ

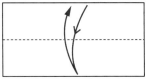

①

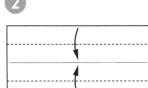

はんぶんにおって、
おりすじをつけます。

②

はしを、
まんなかのおりすじにあわせ
ております。

③

はんぶんにおります。

④

おおきく

わになっているほうを、
さんかくにおって、
すじをつけます。

おったかたち

⑤

おおきく

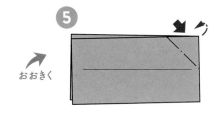

4でつけたおりすじで、
なかわりおりにします。

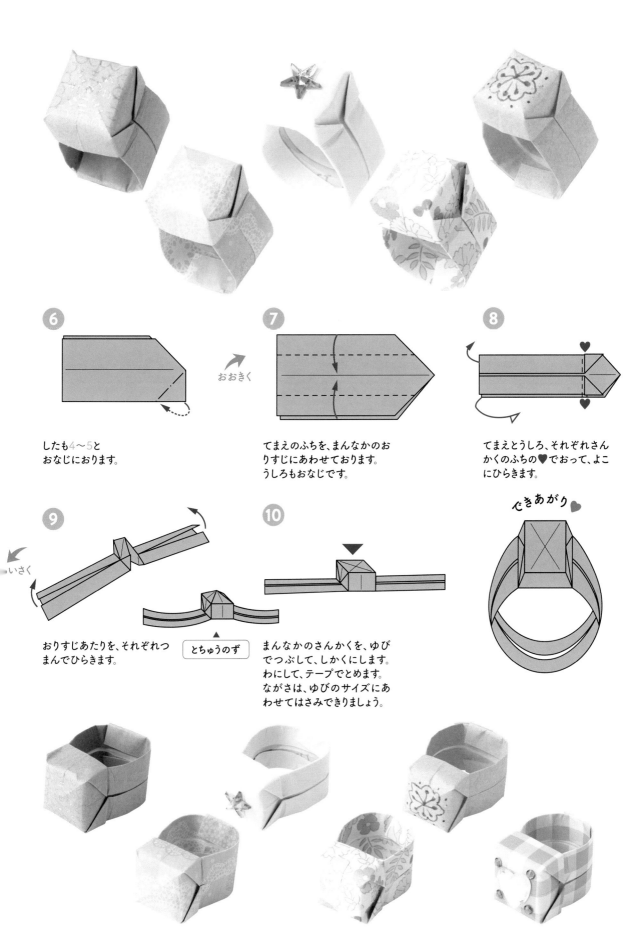

6

したも4〜5と
おなじにおります。

おおきく

7

てまえのふちを、まんなかのお
りすじにあわせております。
うしろもおなじです。

8

てまえとうしろ、それぞれさん
かくのふちの♥でおって、よこ
にひらきます。

9

いさく

おりすじあたりを、それぞれつ
まんでひらきます。

とちゅうのず

10

まんなかのさんかくを、ゆび
でつぶして、しかくにします。
わにして、テープでとめます。
ながさは、ゆびのサイズにあ
わせてはさみできりましょう。

できあがり♥

リボンのゆびわ

リボンつきのゆびわが、1まいのかみでできちゃいます。リングを、いろちがいにするアレンジも！

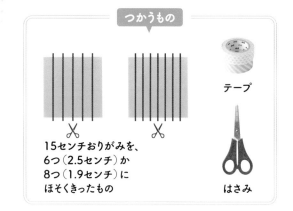

つかうもの

15センチおりがみを、
6つ（2.5センチ）か
8つ（1.9センチ）に
ほそくきったもの

テープ

はさみ

6つにするめもり
2.5センチ

8つにするめもり
1.9センチ

1 「リボン」（22ページ）の1〜6まで、おなじおりかたをします。

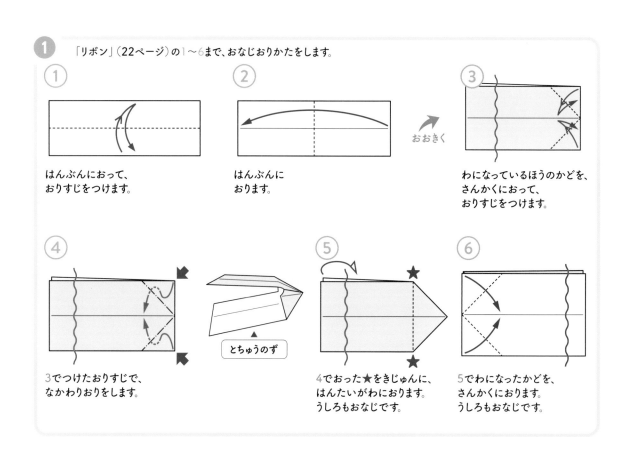

① はんぶんにおって、
おりすじをつけます。

② はんぶんに
おります。

おおきく

③ わになっているほうのかどを、
さんかくにおって、
おりすじをつけます。

④ 3でつけたおりすじで、
なかわりおりをします。

とちゅうのず

⑤ 4でおった★をきじゅんに、
はんたいがわにおります。
うしろもおなじです。

⑥ 5でわになったかどを、
さんかくにおります。
うしろもおなじです。

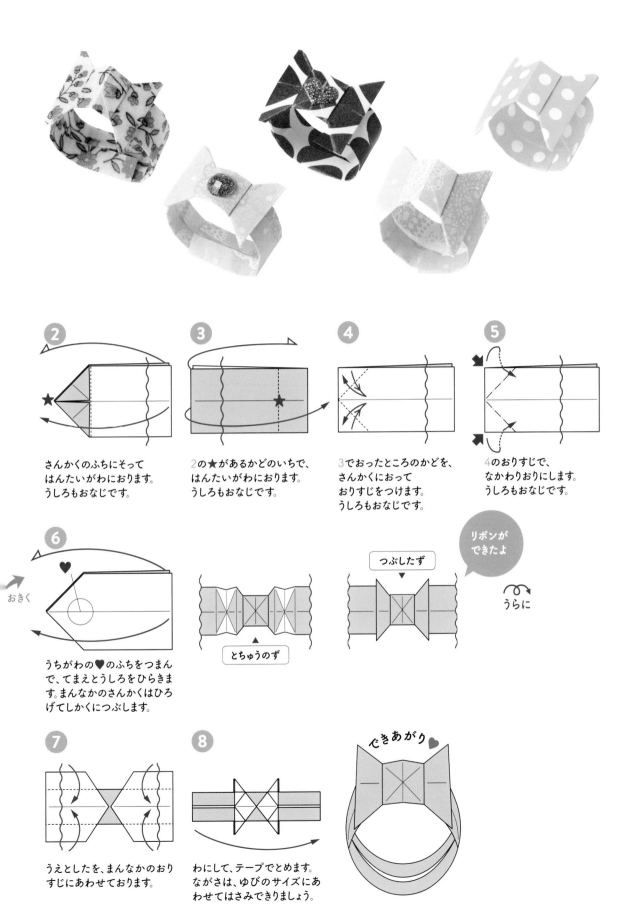

② さんかくのふちにそって
はんたいがわにおります。
うしろもおなじです。

③ 2の★があるかどのいちで、
はんたいがわにおります。
うしろもおなじです。

④ 3でおったところのかどを、
さんかくにおって
おりすじをつけます。
うしろもおなじです。

⑤ 4のおりすじで、
なかわりおりにします。
うしろもおなじです。

⑥ うちがわの♥のふちをつまん
で、てまえとうしろをひらきま
す。まんなかのさんかくはひろ
げてしかくにつぶします。

おきく

とちゅうのず

つぶしたず

リボンが
できたよ

うらに

⑦ うえとしたを、まんなかのおり
すじにあわせております。

⑧ わにして、テープでとめます。
ながさは、ゆびのサイズにあ
わせてはさみできりましょう。

できあがり♥

41

ティアラ

おりがみのパーツをつなげてつくります。
かぶると、おひめさまにへんしんできる！

つかうもの

小さい7.5センチの
おりがみを10まい
（15センチなら5まい）

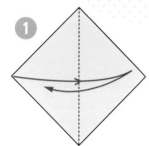

①

はんぶんにおって、
おりすじをつけます。

②

はんぶんにおります。

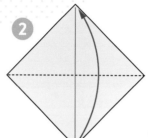

③

てまえのかどを
はんぶんにおって、
おりすじをつけます。

④

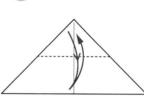

したのふちを、
3のおりすじにあわせて
おります。

⑤

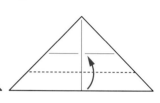

うえのかどの、
てまえだけを、
3のおりすじでおります。

おったかたち

▼

うらに

「おうかん」もできるよ！

⑥ ············

うえとしたのかどを、
まんなかにあわせております。

おもてのおったかたち

▼

うらに

⑦

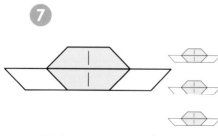

おなじものを、あと9こつくります。

パーツのできあがり

**おそろいのブレスレットも
つくってみよう**

じぶんのうでのふ
とさにあわせてパ
ーツのかずをかえ
てつくってみて。

おうかん

おひめさまはティアラ、おうさまはおうかんを
かぶってごっこあそびができます。

つかうもの

15センチ
おりがみを5まい

⑥ おったかたち ▼　　おもてがわ ▼

うらに

したのかどだけをおると、
おおきなギザギザの
「おうかん」になります。

おなじものをあと4つ
つくります。

⑦ パーツのできあがり

しあげはティアラと
おなじなので、
8〜11のようにしあげます。

しあげ

⑧

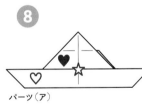

パーツ（ア）　　パーツ（イ）

6でおったてまえのかどを
もどします。

（ア）の♡と❤のあいだに
（イ）をはさみます。（ア）の☆
まで（イ）の★を入れましょう。

⑨

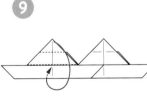

（ア）のかどを、
7のかたちにもどします。

⑩ まきこむから、とまるよ

のこりも8〜9と
おなじように
つなげていきます。

⑪

できあがり

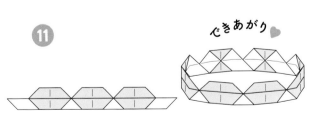

ぜんぶつなげたら、
はしのパーツをつなげて
わっかにします。

あなたもおひめさまにへんしん！

ばらの ティアラ

「ばら」と「ティアラ」をくみあわせれば、
こんなすてきな、おはなのかんむりができます。

つかうもの

〔ティアラ〕
7.5センチおりがみを
10まい

〔ばら〕
7.5センチおりがみを
10まい

テープ

①

42〜43ページの「ティアラ」
を、よこにつなげるところまで
つくります。

くみあわせたばらに
ちいさいパーツを
つけるなら、
5センチおりがみで。

②

36〜37ページのばらをつくり
ます。1つのパーツだけでだい
じょうぶです。10こつくりましょう。

③

うらに

とちゅうのず

ばらのうらのかどの、
うえとしたで、
ティアラのへこんだところをはさみます。

④

おもてがわ

うらに

テープでとめます。
9こつけたら、はしのパーツを
つなげて10こめのばらを
つけます。

できあがり♥

**おそろいのブレスレットが
つくれるよ**

これは、ティアラの
パーツを5センチ
のおりがみで、ば
らを7.5センチの
おりがみでつくっ
ているよ。あなた
のすきなサイズを
みつけてね。

44　　----- たにおり　——・—— やまおり

キラキラがかわいい💗 デコレーションのしかた

おったおりがみはそのままでもすてきだけど、かざりをたすと
もっとかわいくなるよ。3つのアイデアをしょうかい！

Decoration 1

22〜37ページのおりがみを ちいさいサイズでおってかざりに

リボンやおはなをおひめさまのドレスやバッグにデコレーション
して、かわいさアップ。ダイヤモンドやハートは42〜43ページの
ティアラやおうかんにはると、ダイヤモンドつきのおうかんやハー
トのついたティアラにだいへんしん！

Decoration 2

いろえんぴつやペンで もようをつけてみよう

おったおりがみにすきなぶんぼうぐでじゆうにもようをかいてみ
て。キラキラしたいろのペンや、かいたえやもじがモコモコもりあ
がるペンなど、いろいろなペンでかくとたのしいよ。

Decoration 3

シールをはって かわいさアップ！

シールならかんたんにキラキラさくひ
んができるよ。ぷっくりしたラインスト
ーンのシールをはると、ほんもののほ
うせきをつけたみたい！　かわいい
マスキングテープもおすすめ。

100えんショップでさがしてみて！

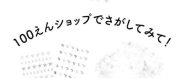

ぷっくりほし

たくさんつくったらほうせきみたい。
つなげてアクセサリーにしてもいいね。

つかうもの

15センチ
おりがみを
8つにきっ
たものを
2まい

はさみ　テープ

①

ほそくきった、
2まいのおりがみのながさを、
つなげてテープではります。

②

はしを、
クルリとむすびます。
かみがしわにならないように、
きをつけましょう。

③

はみでたはしは、
♥のほうこうに
おってなかにいれます。

いれたかたち

うらに

④

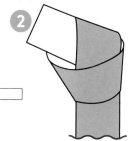

ごかっけいの、
ふちのところで
♥のほうこうへおります。

うらに
かいてん

⑤

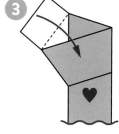

そのまま、ごかっけいの
かたちにあわせて、
のこりをまいていきます。

⑥

あまったはしっこは、
なかにいれます。

おおきく

⑦

5つのふちをおして、
まんなかをふくらませます。

できあがり♥

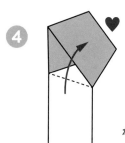

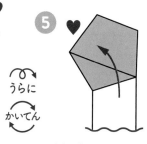

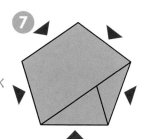

**リボンでつなげば
ほしのブレスレット
になる！**

あなをあけて、リボ
ンをとおせばでき
あがり。おとなのひ
とにてつだってもら
ってね。

　- - - - - たにおり　——·—— やまおり

ぷっくりハート

コロンとしたかたちがかわいいハート。ひだりページの
ほしのブレスレットは、ハートでもつくれます。

つかうもの

15センチ
おりがみを
4つにきっ
たものを
1まい

はさみ　テープ

①

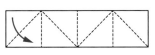

はしからさんかくに
5かいおって、
まいていきます。

とちゅうのず

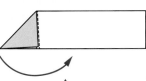

とちゅうのず　　とちゅうのず

とちゅうのず

おおきく

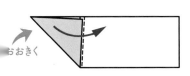

とちゅうのず

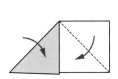

とちゅうのず

②

かいてん

③ ▼

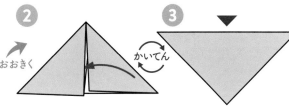

あまったはしっこは、
さんかくにおって、
1のあいだにいれます。

いちばんながい
ところをおして
ふくらませます。

④

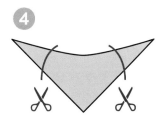

よこのかどを、
まるくきります。

できあがり♥

47

ほし

8つのパーツをくみあわせて、いろいろなほしを
つくります。クリスマスツリーにかざってもステキ。

つかうもの

15センチ
おりがみを8まい　　のり

①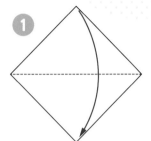

さんかくに、
はんぶんにおります。

②

もういちど、
はんぶんにおります。

③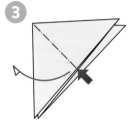

さんかくの、ふくろにてをいれて、
しかくにひらいて、つぶします。

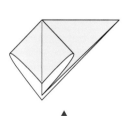

とちゅうのず

④

うしろも、おなじように、
しかくにひらいて、つぶします。

おおきく

⑤

したのはしの、てまえだけを、
まんなかにあわせております。

⑥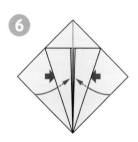

のこったうしろのはしは、
5でおったふちのうしろに
おなじようにおります。

おったかたち

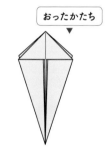

⑦ パーツのできあがり ♥

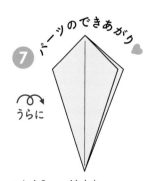

うらに

これを8つつくります。

のつなぎかた

（イ）のよこのかど1まいを、
（ア）のよこのかど2まいではさ
むようにしてつないでいきます。

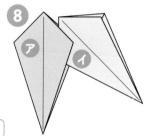

ふといかどをまんなかにして、
パーツをくみあわせます。

1つつなげるごとに
のりではります。

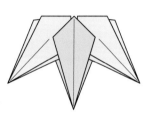

できあがり♥

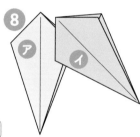

のつなぎかた

（ア）のみぎのかど1まいを、
（イ）のひだりのかど
2まいではさみます。

ふといかどをまんなかにして、
パーツをくみあわせます。

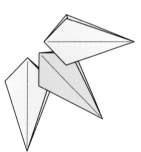

とけいのはんたいまわりに、
つづけていきます。
1つつなげるごとに
のりではります。

できあがり♥

**ストローにくっつければ
まほうのステッキがかんせい**

ステッキのつくりかた

うらがわにストローをテープでとめるだけ。スト
ローのさきは、ゆびでたいらにつぶしてか
らテープでとめると、しっかりとまります。

リボンは100えん
ショップなどでうっ
ているぬののほそ
いもの。なんぼん
かをいっしょにテ
ープでとめてもか
わいくなるよ。

くちべに

くちべにで、おけしょうしましょ。げんきなオレンジ、
おとなっぽいあか、かわいいピンク。なにいろにする？

つかうもの

15センチ
おりがみを1まい

はさみ　テープ

くちべに

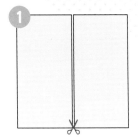

1
はんぶんにきります。

2
1まいを、
はんぶんに2かいおって、
おりすじをつけます。

いろを
おもてにして、
おってね

3
うえとしたのはしを、
まんなかのおりすじにあわせて
おって、おりすじをつけます。

4
したのはしを、
いちばんうえのおりすじに
あわせて、おります。

5
したのふちを、
すぐうえの、おりすじにあわせて
おります。

おったかたち

おおきく

うらに

6
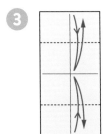
よこのはしを、
まんなかのおりすじにあわせて
おります。

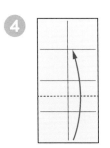
おったかたち　うらに

7
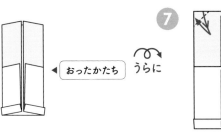
みぎのかどは、
おりすじにあわせて、
ひだりのかどは、
すこしだけさんかくにおって、
おりすじをつけます。

ななめに
すると、
ホンモノ
みたい！

　----- **たにおり**　——・—— **やまおり**

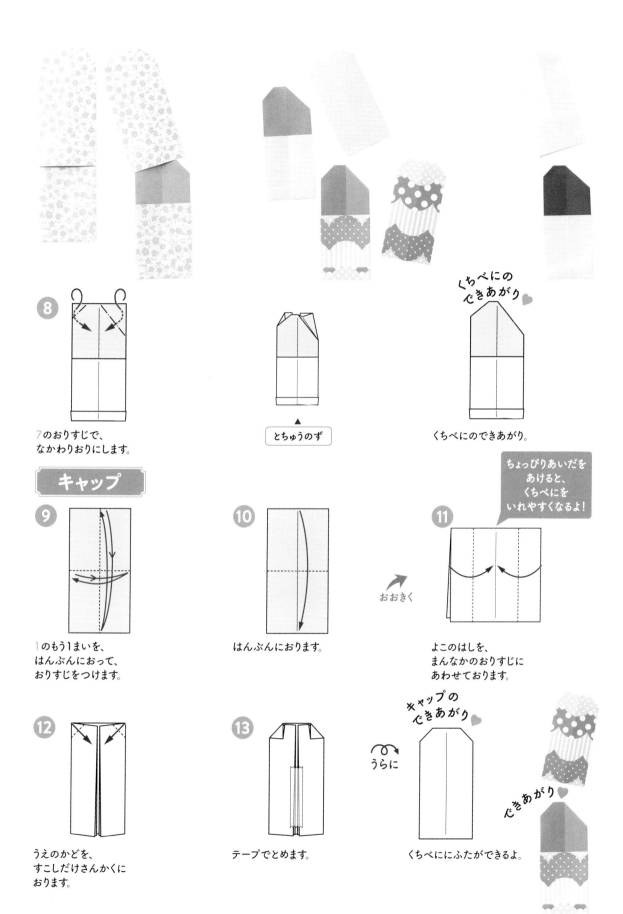

⑧ 7のおりすじで、
なかわりおりにします。

▲ とちゅうのず

くちべにの
できあがり ♥

くちべにのできあがり。

キャップ

⑨ 1のもう1まいを、
はんぶんにおって、
おりすじをつけます。

⑩ はんぶんにおります。

ちょっぴりあいだを
あけると、
くちべにを
いれやすくなるよ！

おおきく

⑪ よこのはしを、
まんなかのおりすじに
あわせております。

⑫ うえのかどを、
すこしだけさんかくに
おります。

⑬ テープでとめます。

うらに

キャップの
できあがり ♥

くちべににふたができるよ。

できあがり ♥

まほうのてかがみ

なにがうつるかがみかな？　おひめさまのあなた？
みらいのおうじさま？　さあ、つくってみましょ。

つかうもの

 15センチ
おりがみを1まい

 はさみ

1

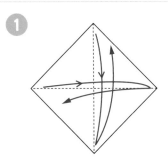

さんかくに2かいおって、
おりすじをつけます。

2

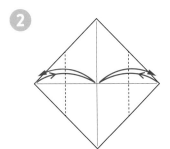

よこのかどを、まんなかに
あわせておって、おりすじをつけます。

3

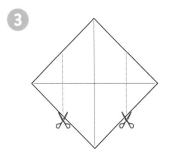

2のおりすじできります。

4

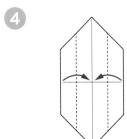

よこのはしを、
まんなかのおりすじに
あわせております。

5

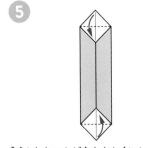

うえとしたのかどをさんかくにおります。

6

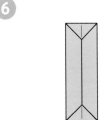

4と5でおったところの、
よことうえをひらきます。

おおきく

7

かがみの
がくに
なるよ

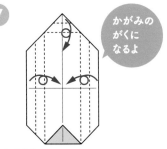

よことうえを、
できたおりすじにあわせて、
まくようにおります。

⑧

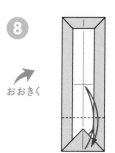

おおきく

したのふちをはんぶんにおって、
おりすじをつけます。

⑨

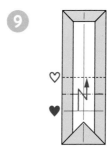

♡のまんなかのおりすじと8でつけた♥
のおりすじがあうように、だんおりします。

とちゅうのず

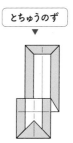

⑩

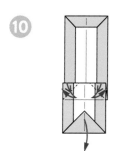

まんなかのかどを、さんかくにおって
おりすじをつけます。
したのさんかくは、ひらきます。

⑪

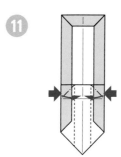

10でつけたおりすじで、かどをさんかく
にひらいて、つぶします。したは3つおりに
なって、もちてになります。

とちゅうのず

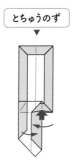

⑫

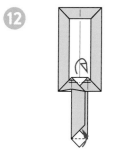

11のさんかくがかさなったところで、
うしろにおります。
したのかどを、さんかくにおります。

⑬

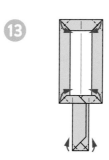

ぜんぶのかどを、
すこしさんかくに
おります。

できあがり

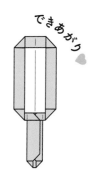

ぎんいろのおりがみをきって
なかにいれるとほんものみたい!

53

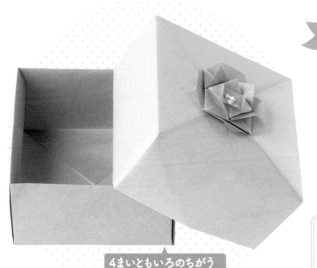

ほうせきばこ

4まいのおりがみを、
カラフルにくみあわせてつくります。
じょうずにできた、おりがみもいれてね。

4まいともいろのちがう
おりがみでおると
しゃしんのようになるよ!

つかうもの

〔はこ〕
15センチ
おりがみを4まい

〔ふた〕
15センチ
おりがみを4まい

テープ

①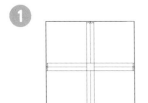

はこのおりがみを4まい、
ぴったりならべて、
テープでとめて、
おおきな1まいのおりがみにします。

②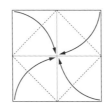

4つのかどを、
まんなかにあわせて、
さんかくにおります。

③

おおきく

かいてん

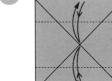

うえとしたのふちを
まんなかにあわせておりすじを
つけます。

④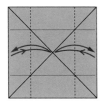

よこのふちを
まんなかにあわせておりすじを
つけます。

⑤

おりがみをひらき、
うえとしたのかどだけ、
おったかたちにします。

⑥

☆がはこのよこになるので、
おこしながら、
☆と★のかどがあうように、
おりせんのとおりにたたみます。

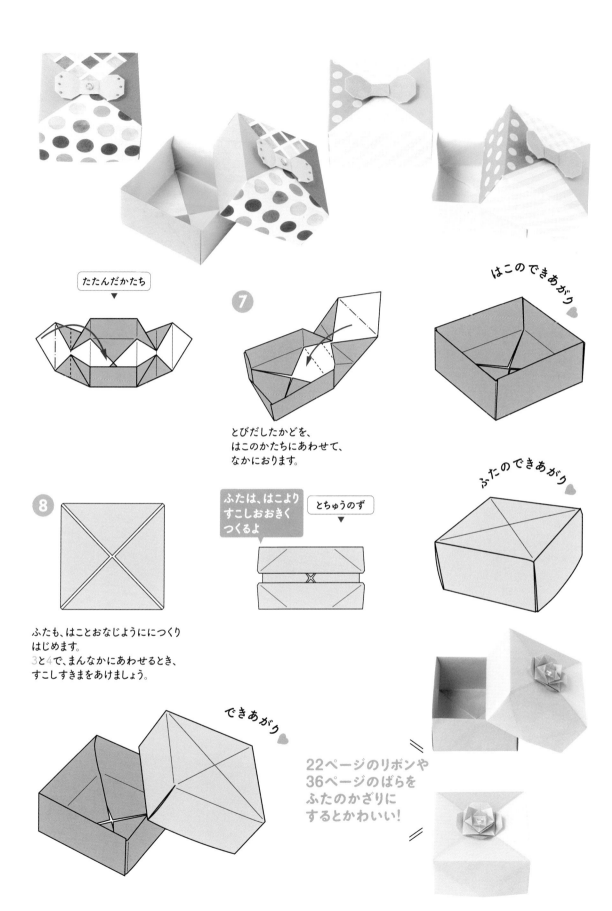

たたんだかたち

⑦

とびだしたかどを、
はこのかたちにあわせて、
なかにおります。

はこのできあがり

⑧

ふたは、はこより
すこしおおきく
つくるよ

とちゅうのず

ふたのできあがり

ふたも、はことおなじようににつくり
はじめます。
3と4で、まんなかにあわせるとき、
すこしすきまをあけましょう。

できあがり

22ページのリボンや
36ページのばらを
ふたのかざりに
するとかわいい！

ちいさいかんむり

3つのさんかくがポイントの、かわいいかんむりです。
もようをかいたり、シールをはったり、かざるのもたのしいよ。

つかうもの

15センチ
おりがみを1まい

① 「クラッチバッグ」（20ページ）の3までおなじにおります。

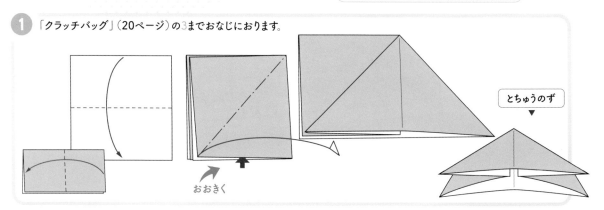

おおきく

とちゅうのず

②

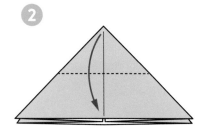

かどを、はんぶんにおります。

③

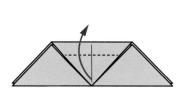

すこしのこして、うえにおってだんおりにします。

とちゅうのず

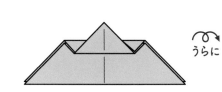

うらに

④

よこのかどの
てまえの1まいを、
まんなかをすこしあけて、
うえにおります。

⑤

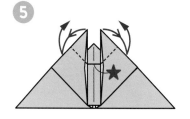

うえのかどを、★にあわせておって
おりすじをつけます。

おったかたち

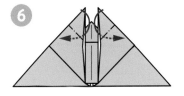

6

5でつけたおりすじで、
なかわりおりにします。

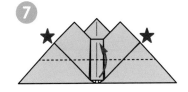

7

したのはしを、
★にあわせております。

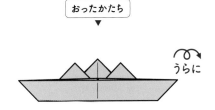

おったかたち

▼

うらに

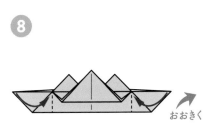

8

よこのかどを、
なかにおります。
うえのふちは
だんおりのうちがわにいれましょう。

おおきく

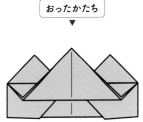

おったかたち

▼

うらに

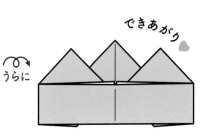

できあがり

おひめさまに かぶせることが できるよ

42～43ページのティア
ラやおうかんはあなた
がかぶるのにぴったり
のサイズ。5センチのお
りがみでおると、おひめ
さまやどうぶつたちにぴ
ったりなサイズにしあが
ります。

まほうのもりのなかまたち

ちいさいおんなのこ

まほうのもりにいる、ちいさいおんなのこ。
こびとさんやどうぶつたちと、いっしょにあそびましょ。

つかうもの

［かお］	［からだ］		
7.5センチ おりがみを 1まい	7.5センチ おりがみを 1まい	テープ	ペン

かお

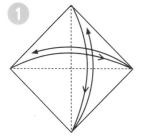

① さんかくに2かいおって、おりすじをつけます。

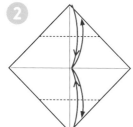

② うえとしたのかどを、まんなかにあわせておっておりすじをつけます。

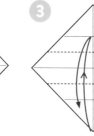

③ うえのかどはしたのおりすじに、したのかどはうえのおりすじにあわせておって、おりすじをつけます。

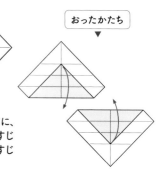

おったかたち ▼

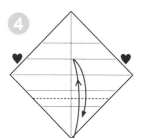

④ したのかどを、♥のおりすじにあわせておって、おりすじをつけます。

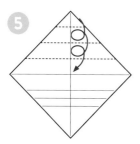

⑤ うえのかどを、いちばんうえのおりすじにあわせておって、まくように、おりすじで2かいおります。

⑥ まんなかをすこしあけて、よこのかどをしたにおって、おりすじをつけます。★のかどが、♡のおりすじにつくようにします。

かおのかたちがきまるよ

おったかたち ▼

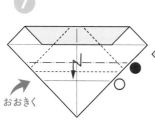

おおきく

⑦ ●のおりすじが、○のおりすじにあうように、だんおりにします。

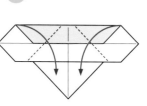

⑧ ⑥のおりすじで、おります。

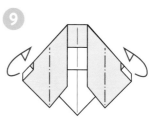

⑨ ⑧でおったところを、たてのおりすじで、うしろにおります。

かおのできあがり

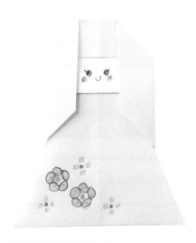

からだ

⑩

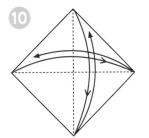

さんかくに2かいおって、
おりすじをつけます。

⑪

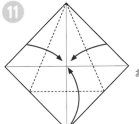

うえのはしを、まんなかのおり
すじにあわせて、おります。
のこったさんかくは、
うえにおります。

⑫

おおきく

うえのかどをしたのかどに、
あわせております

おったかたち
▼

うらに

からだの できあがり

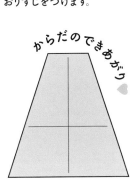

しあげ

⑬

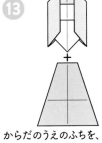

からだのうえのふちを、
かおのだんおりの
あいだにいれて
テープでとめます。

できあがり

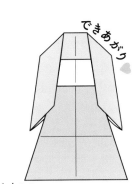

かわいい
かおをかきましょう。

うら

テープでとめればかんせい！

こびとさん

さんかくぼうしのこびとさんです。7つのいろで
つくれば、しらゆきひめごっこができるよ。

つかうもの

7.5センチ
おりがみを
2まい

テープ

ペン

かお

1
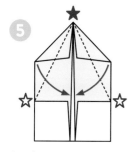

はんぶんに2かいおって
おりすじをつけます。

2

したのはしを、
まんなかのおりすじに
あわせてうしろにおります。

3

よこのはしを、
まんなかのおりすじに
あわせております。

4

おおきく

うえのかどを、
まんなかにあわせて
さんかくにおります。

5
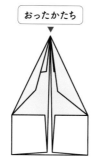

☆と★をむすぶせんで、
さんかくにおります。

おったかたち

6

うらに

したのかどを、
すこしおっておりすじをつけ
ます。

7

6のおりすじにあわせて、
なかわりおりをします。

とちゅうのず

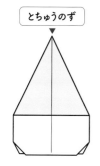

かおの
できあがり♥

めやくちをかいてね。

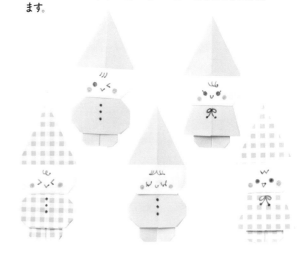

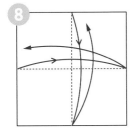

8

はんぶんに2かいおって
おりすじをつけます。

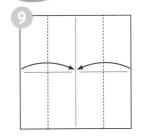

9

はしを、
まんなかのおりすじにあわせ
ております。

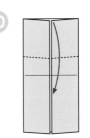

10

うえのはしを、3ぶんの1くら
いでおります。
（うえにめもりがあるよ）

おおきく　うらに

おったかたち

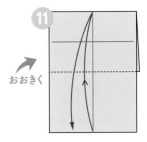

11

おおきく

したのはしを、
うえのふちにあわせて
おりすじをつけます。

12

したから3ぶんの1くらいでお
って、だんおりにします。
（みぎうえにめもりがあるよ）

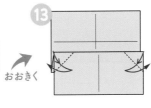

13

おおきく

だんおりのかどを、さんかくに
おって、おりすじをつけます。

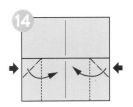

14

12でつけたおりすじでひら
いてさんかくにつぶします。し
たのはばもおります。

おったかたち

15 おとこのこ　　おんなのこ

うらに

つくるかたちにあわせて、かどをうしろへおります。

からだのできあがり♥

しあげ　かおのしたのひらくところに、からだをすこしいれて、テープでとめます。

15 うら

かおとからだができたら
うらがえします。

16

からだのうえのふちを、
かおのうちがわにさしこみます。

17

テープでとめればかんせい！

できあがり♥

まほうのもりのなかまたち

きつね

きほんのおりかたでつくれるきつねさん。みみとほっぺの
しあげをかえれば、いろいろなどうぶつになるよ。

つかうもの

〔かお〕
7.5センチ
おりがみ1まい

〔からだ〕
7.5センチ
おりがみ1まい

テープ

ペン

かお

1 「ほし」（48〜49ページ）の1〜4とおなじにおります。

2
とちゅうのず

みみの
かたちが
きまるよ

なかのさんかくを、
ななめに、なかわりおりを
します。

3
おったかたち

うらに

うえのかどをすこしうしろにおります。
したのてまえの1まいを
まんなかよりすこしうえにおります。

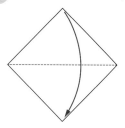
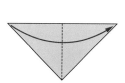

4
おったかたち

したのふちを、てまえだけ
まんなかのおりすじにあわせ
ております。

りすとくまのおりかたはみぎのページへ！

5
うらに

できあがり♥

はなのかどを、すこしうしろに
おってかたちをととのえます。

かおをかいてね。

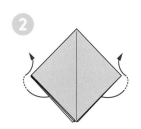
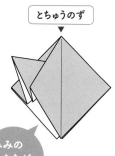
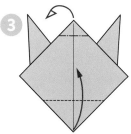
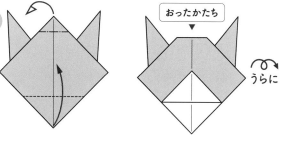

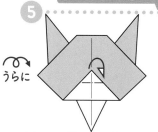

　- - - - - たにおり　——・—— やまおり

りす・くま

もりにすむ、りすさんとくまさんをつくってみよう。
どんなくらしをしているかな?

つかうもの

〔かお〕
7.5センチ
おりがみ1まい

〔からだ〕
7.5センチ
おりがみ1まい

テープ

ペン

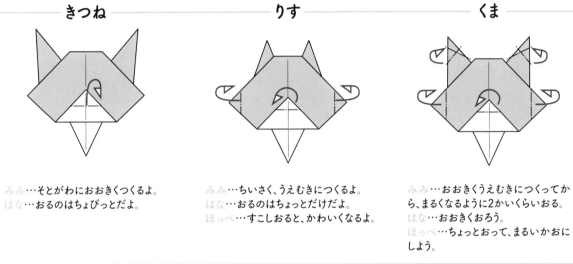

きつね

みみ…そとがわにおおきくつくるよ。
はな…おるのはちょびっとだよ。

りす

みみ…ちいさく、うえむきにつくるよ。
はな…おるのはちょっとだけだよ。
ほっぺ…すこしおると、かわいくなるよ。

くま

みみ…おおきくうえむきにつくってか
ら、まるくなるように2かいくらいおる。
はな…おおきくおろう。
ほっぺ…ちょっとおって、まるいかおに
しよう。

6 からだ

うらに

「からだ」は61ページをみて
つくります。

7 しあげ

「かお」と「からだ」をかさね
て、テープでとめます。

できあがり♥

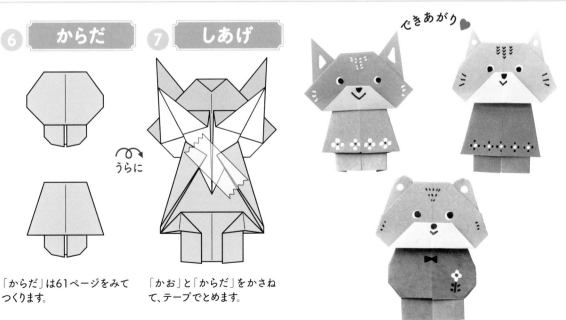

はくちょう

おおきなつばさをひろげて、ダンスをおどる
はくちょうです。まほうのもりのみずうみに、にあいます。

つかうもの

15センチ
おりがみを1まい

① 「ほし」（48〜49ページ）の1〜4とおなじにおります。

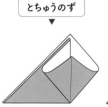

とちゅうのず

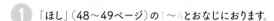

②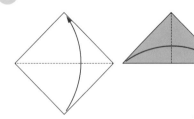

うえのはしのてまえだけを、
まんなかのおりすじにあわせておってから、
したのかどをさんかくにおって、
おりすじをつけます。

▲
おったかたち

③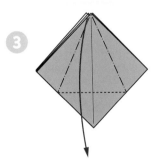

うえのかどの、てまえ1まいだけを、
したにおおきくひらき、
2のおりすじでおって
つぶします。

④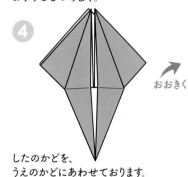

おおきく

したのかどを、
うえのかどにあわせております。

⑤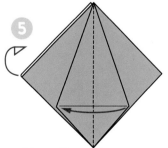

てまえのみぎのかどを、
ひだりへおって、
うしろのひだりのかどを、
みぎへおります。

⑥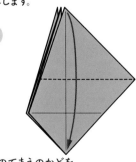

うえのてまえのかどを、
したのかどにあわせて
おります。
うしろもおなじにおります。

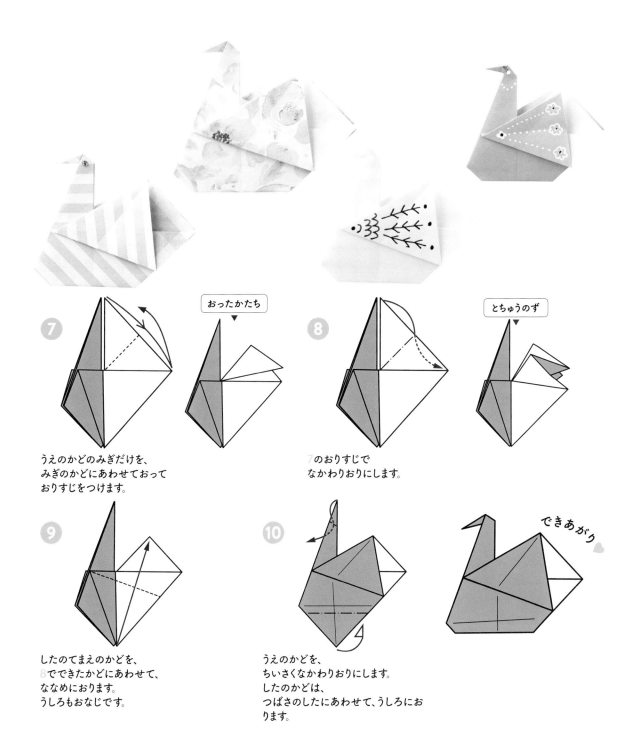

7

おったかたち ▼

うえのかどのみぎだけを、
みぎのかどにあわせておって
おりすじをつけます。

8

とちゅうのず ▼

7のおりすじで
なかわりおりにします。

9

したのてまえのかどを、
8でできたかどにあわせて、
ななめにおります。
うしろもおなじです。

10

でき あ がり

うえのかどを、
ちいさくなかわりおりにします。
したのかどは、
つばさのしたにあわせて、うしろにお
ります。

ことり

おひめさまに、すてきなうたをきかせてくれる、
かわいいことりたちをつくりましょう。

つかうもの

15センチ
おりがみを1まい

① 「クラッチバッグ」（20ページ）の1〜3とおなじにおります。

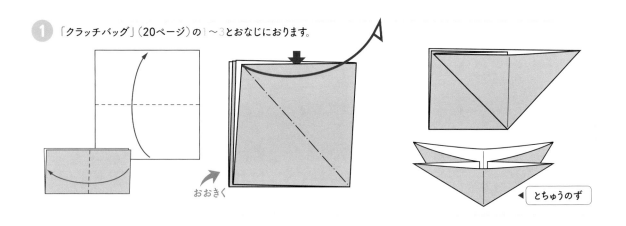

おおきく

▶ とちゅうのず

②

したのかどをはんぶんにおって
おりすじをつけます。

③

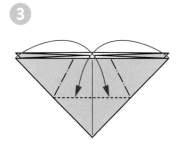

うえのはしの、てまえの1まいだけを、
2のおりすじにあわせており、
よこのかどは、ひらいてうちがわに
つぶします。

とちゅうのず
▼

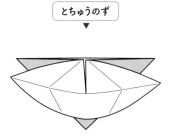

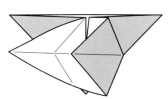

とちゅうのず ▼

④

よこのかどがうくので
かたほうのかどを、つぶします。
もういっぽうもかさねてつぶします。

したのはしを、
うえにあわせております。

⑤

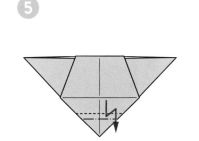

とちゅうのず ▼

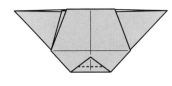

かいてん

したのかどを
ちいさくだんおりにして
くちばしをつくります。

うえにおってから、したにおります。

はんぶんにさんかくにおります。

⑥

おおきく

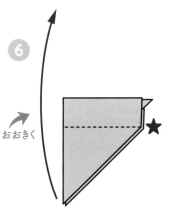

★

したのかどのてまえを、
★のかどから、うえにおります。

⑦

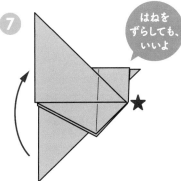

はねを
ずらしても、
いいよ

★

うしろもおなじです。
かくどをかえておってもよいでしょう。

できあがり♥

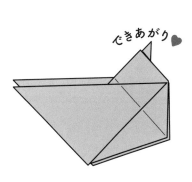

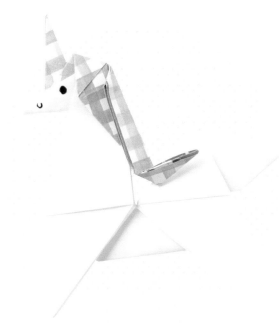

ユニコーン

つのがはえたうまの「ユニコーン」がまほうのもりに
あらわれました。おひめさまをむかえにきたのかな?

つかうもの

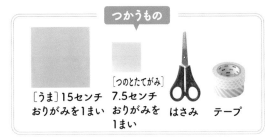

［うま］15センチ
おりがみを1まい

［つのとたてがみ］
7.5センチ
おりがみを
1まい

はさみ

テープ

うま

① 「ほし」(48〜49ページ)の1〜4とおなじにおります。

とちゅうのず
▼

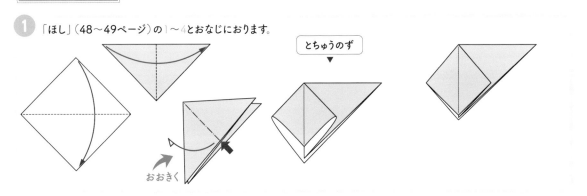

おおきく

② したのはしのてまえだけを、
まんなかのおりすじにあわせておってから、
うえのかどをさんかくにおって、おりすじをつけます。

おったかたち
▼

③ したのかどの、てまえの1まいだけを、
うえにおおきくひらき、
2のおりすじでおってつぶします。

おったかたち
◀

うらに

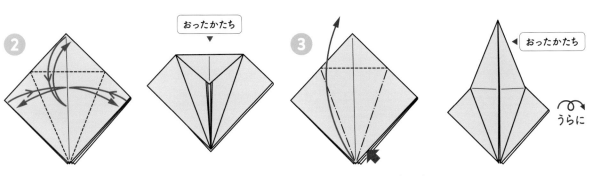

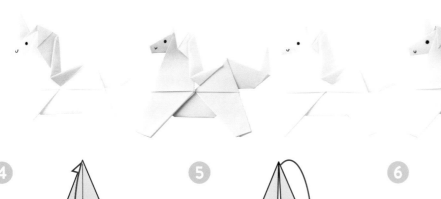

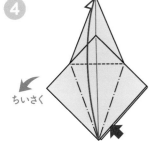

④

2〜3とおなじにおります。

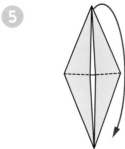

⑤

うえのかどのてまえを、
したにおります。
うしろもおなじにおります。

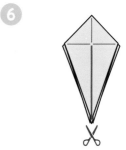

⑥

ずのぶぶんを、
1まいずつはさみできります。

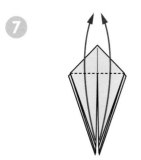

⑦

したのかどの、
てまえだけをうえにおります。
うしろもおなじにおります。

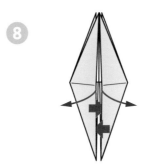

⑧

まんなかからふくろをひらいて
つぶします。
うしろもおなじにおります。

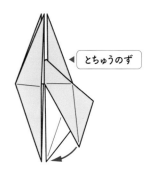

とちゅうのず

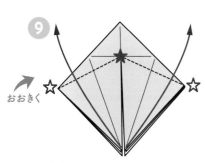

⑨

☆と★をむすぶせんで、
ななめうえにおります。

とちゅうのず

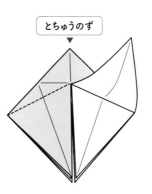

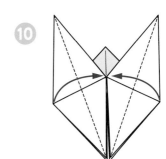

⑩

ひらいたところを
はんぶんにおります。

70ページへつづく ▶▶

⑪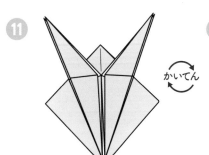

うしろも、9～10とおなじに
おります。

⑫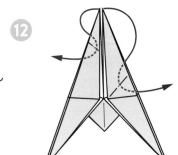

うえのさんかくはそれぞれず
のようになかわりおりをしま
す。おおきくおったほうはしっ
ぽに、ちいさいほうはかおに
なります。

⑬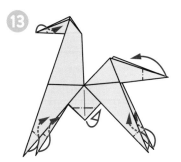

4ほんのあしのさきと、
かおのさき、しっぽを
なかわりおりにします。
おなかのさんかくは、
うしろにおります。

うまのできあがり

つのとたてがみ

⑭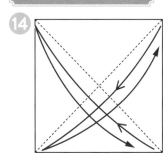

はんぶんに2かいおって、
おりすじをつけます。

⑮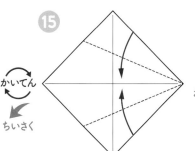

みぎのはしを、
まんなかのおりすじに
あわせております。

⑯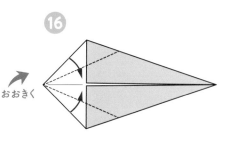

ひだりのはしを、
まんなかのおりすじに
あわせて、おります。

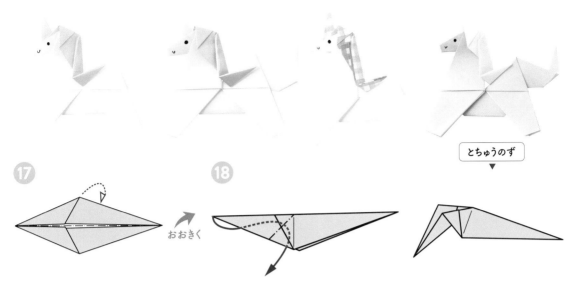

⑰

おおきく

うしろへはんぶんにおります。

⑱

まんなかから、ひだりがわを、
したになかわりおりにします。

とちゅうのず▼

⑲

つのとたてがみの
できあがり♡

したむきのさんかくを、ななめうえに、なかわりおりにします。

しあげ

⑳

うまのあたまのわれめに、
つのをうえむきにして、
たてがみをさしこみます。

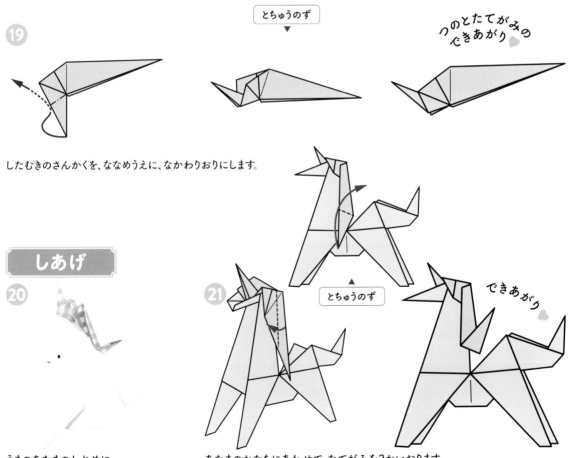

㉑

とちゅうのず▲

できあがり♡

あたまのかたちにあわせて、たてがみを2かいおります。
テープでとめましょう。

おうちのかたへ

下のQRコードをスマートフォンで読みとると、4つのシーンごとのかわいい動画がみられます。
お子さまとのごっこ遊びのヒントやおりがみ遊びのきっかけにご利用ください。

おひめさまのおしろ　　おしろのぶとうかい　　おひめさまのへや　　まほうのもり
▼　　　　　　　　　▼　　　　　　　　　▼　　　　　　　　　▼

❖ STAFF ❖

おりがみ制作 ………… たかはしなな
絵 ………………… おおでゆかこ
装丁・本文デザイン …… 佐藤 学（Stellablue）
折図制作・DTP ……… ローヤル企画
文 ………………… 山田 桂
撮影 ……………… 佐山裕子（主婦の友社）
校正 ……………… 主婦の友社
編集担当 ………… 諏訪京子（主婦の友社）

おひめさま おりがみ

令和2年 8 月20日　第1刷発行
令和3年12月31日　第3刷発行

著　者／たかはしなな
発行者／平野健一
発行所／株式会社主婦の友社
　　　　〒141−0021
　　　　東京都品川区上大崎3−1−1 目黒セントラルスクエア
　　　　電話 03-5280-7537（編集）／ 03-5280-7551（販売）
印刷所／大日本印刷株式会社

©Takahashi Nana 2020　Printed in Japan　ISBN978-4-07-444530-1

■本書の内容に関するお問い合わせ、また、印刷・製本など製造上の不良がございましたら、主婦の友社（電話03-5280-7537）にご連絡ください。
■主婦の友社が発行する書籍・ムックのご注文は、お近くの書店か主婦の友社コールセンター（電話0120-916-892）まで。
＊お問い合わせ受付時間　月〜金（祝日を除く）9:30〜17:30
主婦の友社ホームページ　https://shufunotomo.co.jp/

Ⓡ〈日本複製権センター委託出版物〉本書を無断で複写複製（電子化を含む）することは、著作権法上の例外を除き、禁じられています。本書をコピーされる場合は、事前に公益社団法人日本複製権センター（JRRC）の許諾を受けてください。また本書を代行業者等の第三者に依頼してスキャンやデジタル化することは、たとえ個人や家庭内での利用であっても一切認められておりません。
JRRC（https://jrrc.or.jp　eメール：jrrc_info@jrrc.or.jp　電話:03-6809-1281）